普通高等教育广告学系列教材

广告美学

刘建平 编著

AESTHETICS OF ADVERTISEMENT

西安交通大学出版社
XI'AN JIAOTONG UNIVERSITY PRESS
国家一级出版社
全国百佳图书出版单位

图书在版编目(CIP)数据

广告美学 / 刘建平编著. —西安:西安交通大学出版社,2019.7
ISBN 978-7-5693-1196-9

Ⅰ.①广… Ⅱ.①刘… Ⅲ.①广告学-美学 Ⅳ.①F713.80

中国版本图书馆 CIP 数据核字(2019)第 104568 号

书　　名	广告美学
编　　著	刘建平
责任编辑	赵怀瀛
出版发行	西安交通大学出版社
	(西安市兴庆南路1号　邮政编码710048)
网　　址	http://www.xjtupress.com
电　　话	(029)82668357　82667874(发行中心)
	(029)82668315(总编办)
传　　真	(029)82668280
印　　刷	陕西日报社
开　　本	787mm×1092mm　1/16　印张 9.25　字数 159千字
版次印次	2019年8月第1版　2019年8月第1次印刷
书　　号	ISBN 978-7-5693-1196-9
定　　价	29.80元

读者购书、书店添货,如发现印装质量问题,请与本社发行中心联系、调换。
订购热线:(029)82665248　(029)82665249
投稿热线:(029)82668133
读者信箱:xj_rwjg@126.com

版权所有　侵权必究

编 委 会

总 主 编 姚　曦　武汉大学新闻与传播学院教授、博士生导师、副院长

编委会成员（以姓氏笔画排序）：

于婷婷　华中科技大学新闻与信息传播学院副教授

刘　研　内蒙古大学文学与新闻传播学院副教授

刘建平　西南大学文学院副教授

李华君　华中科技大学新闻与信息传播学院副教授、副院长、广告学系主任

杨　琳　西安交通大学新闻与新媒体学院教授、博士生导师

张梅兰　华中科技大学新闻与信息传播学院副教授

洪长晖　浙江传媒学院文化创意学院副教授

莫梅锋　湖南大学新闻传播与影视艺术学院教授、院长助理、广告学系主任

廖秉宜　武汉大学新闻与传播学院副教授、广告学系副主任

总序 Preface

改革开放四十余年来,中国人民谱写了波澜壮阔的发展历史,创造了最为耀眼的发展奇迹。不仅政治、经济、文化、社会等以前所未有的速度发展,而且国家在发展理念、人民在生产与生活方式等诸方面均产生前所未有的改变。

这一时代是社会快速转型变革的时代。社会的进步推动着制度的变革与完善,制度的变革与完善又推动着技术的创新与进步,技术的创新与进步则推动着生产与生活方式的变化。技术创新与进步的路向同样影响着广告学科、广告教育、广告产业和广告研究。它们的进步与发展首先是制度变革的结果。制度变革带来了广告行业整个学科与产业链的制度保障与变革方向,技术进步不可避免地成为广告产业转型升级的孵化器与助推器。

这一时代是社会飞速发展进步的时代。广告学这门学科理应在这一时代顺应时代的发展潮流而不断改进。之前的广告学教材虽然在某些方面堪称经典,依旧具有借鉴和学习的价值,但是由于时代和社会变革带来的广告业的巨大变化,现有的学科体系、话语体系、理论成果已不足以支撑与技术进步联系极其紧密的广告学的学科建设、学术研究、人才培养和社会服务,相当多的方面已经不能满足当今广告学人才培养的现实需要,因此编纂一套能够真实反映当今学科发展方向的广告学教材已迫在眉睫。

"守正"与"创新"是我们编纂本系列教材应当确立的基本方法。

守正是起点,是根基,是规律,是操守。我们要坚守正道,把握本质,遵循规律。无论时代如何变幻,广告学的基本知识体系不会变化,广告行为的媒介本质不会变化,高层次人才培养的规律不会变化。坚持学术前沿、技术优先,坚定广告业整体发展信心,坚守广告学发展根基,将使中国特色、中国风格、中国气派的广告学展现出更为强大的生命活力。

创新是源泉,是动力,是方向,是路径。创新是历代广告人所拥有的优秀人格与品格。每一代广告人始终坚持把广告学基本原理同时代特点、社会实际紧密结合起来,推进理论创新、制度创新、体制创新、机制创新及至实践创新,实现广告业挺立潮头,与时俱进。

这个时代的广告学教材需要我们站在前人的肩膀上继续守正,坚毅前行,需要我们把创新作为不断进步的不竭动力,需要我们在守正与创新之间寻求突破,不断发展。我们不应墨守成规,完全恪守过去的知识和理论体系,而应与新媒体、大数据、人工智能等新的学科生长点相结合,在吸收原来教材优点的基础上,走向学术研究和社会应用的最前沿,建立全新的知识体系、学科体系和话语体系,打造一套既尊重传统又超越现有知识体系,既有历史积淀又有最新发现、最新思想、最新观念的,能够引领时代发展和社会进步的广告学教材。这不仅是本系列教材编写组的良好期许,更是我们需要努力达到的最终目的。

本系列教材包括《广告学概论》《广告经营与管理》《广告美学》《广告媒介策划》《广告品牌战略理论与实务》《网络广告文案写作》《数字广告创意与沟通》《公益广告概论》等。本系列教材还佐以与书本同步的电子课件,形成纸媒与电子媒体同步的立体式教学模式,以方便广大师生使用。

该系列教材的编写特色可以概括为以下几个方面:第一是"全"。本系列教材涵盖广告学教学与研究的各个方面,即原理、创意、文案、战略、表现、策划、品牌以及公益广告,可以说既有基础性课程,又有专业性课程,两者相辅相成,缺一不可。第二是"新"。本系列教材根植于传统知识体系,又超越于传统知识体系,虽然在书名上与原来的广告学教材差别无多,但是在内容上却又有实质的变化和发展。本系列教材在吸收原有教材优点的基础上,融入了国内外广告学发展的最新成果,并且大多与新媒体紧密结合,可以代表广告学发展的方向,是对原有教材的一次发展和创新。第三是"实"。本系列教材既在内容方面充盈饱满,又在实务方面贴近现实,反映实际,走向前沿。

为保证教材的质量,最大程度地实现教材编纂初衷,本系列教材编纂人员均来自全国著名高校,如武汉大学、华中科技大学、西安交通大学、湖南大学、浙江传媒学院。各位编纂者皆活跃于教学、科研第一线,不仅具有一流的科研能力、丰富的学术成果,而且能够将理论与实践紧密结合,使得教材既有扎实的理论作为基础,又具有很强的实践指导意义。

是为序。

姚 曦
己亥年初夏于珞珈山

目 录
Contents

导 论 什么是广告美学？ ………………………………………… (001)

第一章 作为一门学科的广告美学 ……………………………… (006)
 第一节 广告美学的文化背景 ………………………………… (007)
 第二节 广告美学的三个维度 ………………………………… (016)
 第三节 广告美学的意蕴 ……………………………………… (023)

第二章 广告美学与现代性 ……………………………………… (029)
 第一节 生活方式的革命 ……………………………………… (030)
 第二节 解释系统的"范式"转换 …………………………… (037)
 第三节 现代性的扩散 ………………………………………… (041)

第三章 广告美学的商业属性 …………………………………… (047)
 第一节 诉诸感官的快餐文化 ………………………………… (048)
 第二节 走向审美的消费文化 ………………………………… (052)
 第三节 消解距离的"参与艺术" …………………………… (058)

第四章 广告美学中的女性形象 ………………………………… (068)
 第一节 广告对女性形象的塑造 ……………………………… (069)
 第二节 广告中女性形象的成因 ……………………………… (080)
 第三节 女性形象的异化与重塑 ……………………………… (085)

第五章 广告美学中的政治元素 (097)
第一节 政治成为广告审美元素 (098)
第二节 商业广告政治元素创意类型 (102)
第三节 政治元素创意需要注意的问题 (104)

第六章 广告美学与公共领域 (107)
第一节 广告进入全球传播时代 (108)
第二节 公共事件在广告中的"异化"危机 (110)
第三节 公共事件的广告传播策略 (113)

第七章 "微时代"的广告美学 (118)
第一节 "微时代"的文化状况 (119)
第二节 "微广告":广告发展新趋势 (122)
第三节 "微广告"的审美特征 (126)

参考文献 (130)

后 记 (136)

导论

什么是广告美学?

广告美学,无论在广告学界还是美学界,都是一个边缘性的学科,在这两个领域都缺乏应有的重视和深入的研究。广告学界认为广告美学没有太多研究的必要,只要研究广告设计就行了,设计必然是"美"的,还要专门的广告美学干什么呢?而在美学界研究生活美学、生态美学、建筑美学、身体美学的人都不少,但是似乎很少有人去研究广告美学,他们并不把广告美学看作是对广告创作规律、审美效果的媒介文化研究,也不把广告美学看作是美学在当代的新发展,同时不把广告美学当作一门有理论研究价值的应用美学的新的发展方向。与以上看法相对应的是,学界对"广告美学"教材的写法也有几种代表性的观念。例如赵惠霞认为"广告美学"就是"广告"+"美学",她把广告看作是从审美的角度对广告和传播规律的总结,"从美学的角度讲,广告欣赏实际上就是一种审美现象。美学是专门研究审美现象的学科,经过两千多年的发展,现代美学已基本掌握了审美现象产生的机理和基本规律。美学基本原理的突破,为相关学科的发展提供了基础,促成了20世纪中叶以来应用美学的蓬勃发展。广告中的许多不解之谜,只有运用现代美学的成果才能予以说明,这是广告美学产生的原因"[①]。在这本教材中,有大量的篇幅介绍美学的产生与发展过程、审美现象的心理机制和艺术表现方法,主要是探讨如何欣赏广告,至于"将广告创作和传播科学化、理论化"[②]基本没有体现出来。所以赵惠霞的《广告美学——规律与法则》就成了广告学+美学原理的结合体,这其中美学是主要的,广告只是一个对象,这是一种略显生硬的学科建构,书中得出了"美学原理是广告美学的基础,美学原理的水平决定着广告美学研究所能达到的程度,所以广告美学研究必须紧随美学发展的脚步"的结论。今天的时代,不仅是美学对广告设计的实践指导缺席的问题,还有美学理论的研究远远落在了"微时代"层出不穷的新媒介、新设计的实践后面,对"微时代"的广告设计和广告创意,在美学上还缺乏有效的关注和研究,它怎么能去指导实践?从艺术发展史来看,艺术实践和创造常常是走在艺术理论的前面,艺术理论常常是实践的总结和反思,在某种意义上我们甚至可以说,广告美学的研究不仅能够引领媒介文化的研究,而且还拓宽了美学研究的视野和领域。黎泽潮的《广告美学研究》则代表着另一种路向,那就是把广告作为一种艺术门类加以探讨,探讨它的节奏美、情节美、哲理美、崇高美、人性美等不同的要素,"现代广告逐渐强调整体广告作品的'美学化意境',注重作品适应消费者的审美要求,无论是主题的确定,还是对话、造型等细节的处理都要追求一种美

---

① 赵惠霞:《广告美学——规律与法则》,人民出版社,2007年版,第2页。
② 赵惠霞:《广告美学——规律与法则》,人民出版社,2007年版,第302页。

学意境。意境已经成为整个广告的核心"①。围绕着"意境"问题,作者对广告的细节美、语言美、画面美、摄影美等进行了细致的探讨,由此衍生出广告的审美愉悦功能、审美认知功能、审美启迪功能等。必须指出的是,广告自然有着不同于传统的诗歌、绘画、音乐的商业特征,研究"广告美学"自然也不能和研究"绘画美学""诗歌美学"采用一样的逻辑结构和研究方法,这样的"广告美学"教材容易使"广告美学"流于一种浮薄的审美文化,缺乏精神内涵。崔银河明确指出了将广告审美作为哲学研究中的一个重要组成来研究,探索其美学基点,研究、探索广告文化中的审美内涵和本质表现,是广告学这门社会科学必须经历的一个阶段②。他从广告美学的角度来探讨广告作品所呈现出的美学意蕴、表现形式等,他从崇高、优美、想象、联想、幻想等几个角度去分析具体广告作品的"美",在逻辑上略显混乱,值得注意的是,崇高、优美、想象、联想、幻想并非同一等级的审美范畴。张微的《广告美学》是国内较早的一部"广告美学"教材(初版为1996年),该书从美学的视角比较系统地研究了广告审美现象,把"广告美学"作为广告学的一个重要的有机构成部分。该书从广告美本质的多维透视、广告主体活动美、广告美的基本类型、广告载体要素的属性美、广告美的价值功能、广告的审美心理、广告审美意象的创构、广告的艺术形态考察、广告接受的解释学观照、广告批评等十几个层面展开论述,其优点有三:一是结构上比较完整地呈现了广告美学的多维视角。二是正确地将广告美定位于服从广告的整体规定性,"正是广告美在整个广告中所处的这种特殊地位,决定了广告美学在整个广告学中的地位:广告美学虽然有着相对的独立性,但在整个广告学中却无疑处于从属地位"③。三是该书提出了广告美学是美学研究"自上而下"研究方法之外的有益补充,广告美学采用"自下而上"的研究方法,"我们的美学长期以来注重思辨而缺乏实证性的研究,已成为美学研究发展的一种阻力。广告美学的研究对于排除这种阻力是有重要作用的,因为它一般从具体的广告审美现象、具体的作品即经验材料入手,力图深刻地从中抽象出普遍规律,恰好可以消除从概念到概念、与经验严重脱节的弊端,从而使两种基本的研究方式并行不悖,进而使整个美学研究健康而全面地向前发展"④。客观来说,该书对广告美学学科属性的把握,对广告美学研究方法的特殊性的认识都是我们在新的时代需要继承的思想资源。然而,该书章节比较细碎,

---

① 黎泽潮:《广告美学研究》,合肥工业大学出版社,2005年版,第16页。
② 崔银河:《广告哲学》,中国传媒大学出版社,2012年版,第12页。
③ 张微:《广告美学》(第二版),武汉大学出版社,2012年版,第4页。
④ 张微:《广告美学》(第二版),武汉大学出版社,2012年版,第5页。

章节间的逻辑关系不太分明，不太利于我们对"广告美学"的整体把握。

通过对以上"广告美学"专业教材的分析，笔者认为造成对"广告美学"认知混乱的根本原因在于，"广告美学"研究领域专业人才的缺乏和研究水准的有限，在于无论是传统的美学教育还是广告教育都还处在一种比较狭隘的学科视野和教条化的学科框架之中。传统的广告设计人才大多出身美术学院，相对而言，他们在文化积累和研究素养上受到局限，他们不会提出"广告美学"的问题；而传统的美学研究者，大多是缺乏动手能力的美学理论研究者，他们可以抽象地探讨审美文化，可以分析数字时代的媒介技术与人的关系，但是大多不会去创造和设计具体的艺术作品，也不会去研究"广告美学"问题。今天的时代，"技术家"和"理论家"的彼此分离和隔膜，使得"技术家"的设计缺乏文化深度和人文关怀，这样的设计永远不会成为艺术，而只是文化工业消费品流水线上的一个组成部分；"理论家"的理论指导不了实践，从而使美学理论成为曲高和寡的空洞概念、新名词的堆砌，既启蒙不了大众，又感动不了自己，从而沦为新时代的"玄学"。随着人类社会的进步和审美水平的提高，广告早已摆脱了过去那种粗制滥造和单纯以"叫卖"为目的的发展状态，而是成为大众生活中最富有现代感的一部分，它建构了新的生活愿景，激发了新的生活热情，改变着大众的生存方式和生活观念。因而，将广告的内涵、制作过程与形式设计提高到美学的高度，建立一个以广告美学为研究对象的学科，以便指导广告人依据美的规律来设计广告、鉴赏广告，提高广告人的专业素养，从而使广告产生更高的审美价值。笔者曾就读于武汉大学国家哲学人才培养基地班美学与艺术设计方向，当时武汉大学设置这个专业，其初衷就是看到了中国广告设计教育和美学教育方面的缺失，试图培养既有良好的文化素养和思考能力，又具备将想法变成现实的手头设计的复合型设计人才和美学研究人才。在大学期间，笔者在素描、水彩、水粉、电脑设计方面也接受了专业的训练，有着较为丰富的广告设计、企业 CIS 设计和书籍的封面装帧设计经验；同时，笔者在美学与艺术理论研究方面通过硕士、博士阶段的学术训练，积累了较为深厚的研究功底。在笔者看来，如果中国的广告教育和美学教育缺乏广告创作的技术基础、民族传统文化的涵养，以及宏阔的视野与理念，所谓的广告美学不过是一种"噱头"式的概念，是为学科而学科，为课程而课程，无论对广告学专业的学生，还是对文学、美学专业的学生，都产生不了1＋1＞2的"化学反应"。广告美学应追问的问题是：广告美学的学科属性是什么？其内涵是什么？广告美学有哪些独特的审美特征？本教材通过对广告审美现象、审美经验、审美心理特征以及广告中所蕴含的审美价值的分析，探讨了广告美学的概念、广告美学与消费文化、广告美学与现代性、广告美学与政治、广告美学与女性形象、广告美学与公共领域等重要因素，并对"微时代"广告的审美特征和发展前景进行了关注。对广告美学的研究不仅能指导学生开展广告设计的创作实践，而且拓宽了美学研究的新视野、新领域。

美学在今天的发展，已经远远超出了鲍姆加登所说的"感性学"的阶段；美学关注的对象，也不只是传统的自然美、社会美、艺术美领域，而是面对着更多更复杂的科技和信息现象；至于审美形态，更不是生搬硬套的优美、崇高、悲剧、荒诞之类的单一形态了。随着近三十年来中国经济的强势崛起，中国广告行业也迎来了广阔的发展空间，广告所具有的娱乐性、商业性、媒介性等特征，使其可能成为当代中国审美文化发展的一个重要组成部分。同时，作为文化消费品，广告还具有审美属性，正是这种审美属性的存在，使得广告又区别于日常的叫卖、促销活动，使得广告区别于一般的消费品，其具有创造格调、氛围和"灵韵"的艺术价值。正如刘悦笛所言："许多广告都是以对一种生活格调和品位的追求为主题，似乎只要你拥有了该种产品，就拥有了广告所赋予你的生活享受方式……大众在购买商品这种实物时，也同时'购买'了被灌注入其中的生活格调。"[①]在某种意义上，广告创造了大众生活的愿景和激情，在他们平淡的生活中创造了新的梦想。因而，广告美学既是对广告创作规律、广告设计及审美效果的媒介文化研究，同时也代表着应用美学的一个新的发展方向。广告美学是一种生活美学，也是一种消费美学，它还有着更为崇高的使命，那就是提高大众审美品位、纯化大众的情感世界、提升大众的精神境界。在现代社会，趣味低下的人、无爱的人、无耻的人、面对人生的悲欢离合无动于衷的人，都是异化的、非审美的存在。那些把舞蹈表演看作是搔首弄姿的人，那些把爱情看作是荷尔蒙分泌的人都是不懂审美的，而一个大众审美品位低俗的社会是不可能创造并欣赏高质量的广告设计作品的，因为它没有生命力，没有可以生存的文化土壤和市场环境。广告美学既要服务于现实的市场营销和商业消费的需要，同时作为一种审美文化，它要给我们一种未来生活的愿景，一种健康生活方式的熏陶，一种超越实用之上的审美教育；它要反对唯利是图的活法，反对商品对人的异化，反对虚无主义的价值观念，反对行尸走肉的生存状态；广告美学使我们在享受丰盈的物质生产和现代生活时，也能引导我们培养起丰富的心灵和开放的精神世界，这也是每一个知识分子和文化产业者的社会责任。

---

① 刘悦笛：《生活中的美学》，清华大学出版社，2011年版，第173页。

第一章

作为一门学科的广告美学

在消费时代,广告成为人们生活中难以逃脱的审美对象。不管你愿不愿意,接不接受,它就在那里,而且似乎无孔不入,无处不在。广告美学属于实用美学的范畴,它是商业美学、应用美学的一个分支。广告作为美的创造物与审美对象,不仅反映着特定的社会生产力发展状况,而且也鲜明地揭示了特定社会人的审美观念、审美理想和审美趣味。我们在研究广告美学时,必定要将其放在特定的社会关系、文化传统、观念习俗中进行人性化的分析,考察广告与人之间的关系。广告与媒介共同构成了现代社会最重要的意识形态——大众消费文化。作为消费文化最重要的推手,广告以经济利益为目的,激起了人们的消费诉求和热情,建构了人们对未来生活的理想和憧憬。广告人在进行广告创意时,其目的不仅在于激发大众的购买欲望,更重要的是创造出一种不同于商品使用价值之外的"光晕"价值,在特定的情境下,这种独立于商品之外的价值甚至超过了商品本身的使用价值,如在今天拥有 iPhone 手机就可以吸引无数的艳羡目光,获得虚幻的成功感和满足感。在广告设计过程中,凭借绝妙的创意营造出这种"光晕"价值甚至比介绍产品本身的使用价值更能起到营销效果。因而,在广告制作过程中,使用现代的美学理论和手段,潜移默化地激发消费者的消费欲望,提升其审美素养和追求更加精致的生活的意识,是广告美学的一个重要使命。广告美学主要探究广告审美现象、审美经验、审美心理特征以及广告中所蕴含的价值观念等。不同于传统美学理论研究的是,它改变了传统以哲学思辨为主的研究方法,而是转变到结合社会学、经济学、心理学、运动生理学、设计学等多元化的学科领域对广告作品进行多方位、多视角的分析研究。广告美学一方面要揭示广告技术层面的图像、语言、色彩、设计中所蕴含的艺术价值和审美规律,另一方面也要分析广告精神层面的诉求,通过受众对广告中美的理解和感受,认知到它向社会传播的道德观、价值观、审美观、消费观,进而分析和反思广告对人的生活方式、价值观念、消费意识的影响。如果只是拘泥于技术层面的分析,那么广告美学就永远无法走出广告学的范畴,永远也无法走向对自我的反思和更新的层面,当然也就不可能对实践层面的广告创作有什么指导意义了。

第一节　广告美学的文化背景

广告美学本质上是一种消费时代的审美文化,是大众文化与商业文化的结晶,也兼具两者的特性。数字时代对传统广告的冲击是巨大的,它使得广告更美,更新更快,更具有亲和力。尤其在近十年来的"微时代",现代广告要么以"微广告"的形式充斥大众的视听,要么通过微电影钻进大街小巷,"微时代"降临促使消费模式、群体以及文化都产生了天翻地覆的变化,而现代广告的传播与营销也必然随之做出相应的改变。再看近年间,一众知名品牌纷纷通过微电影广告进行传播实现营销目的,而此形式也广受亿万网民所青睐。广告作为审美文化的重要组成部分,也伴随着中国社会的"美学热"在社会转型期起到了解放思想的重要作用,美国美学家门罗指出:"美学的研究课题——艺术及与之有关的经验类型——是最容易产生影响和最富有生气的。"[1]尤其是改革开放四十多年来,审美文化作为我们时代的精神表征,在社会文化系统中占据着举足轻重的地位,对其进行研究和反思对于我们创建新文化、培育新精神无疑具有重要的时代意义。

改革开放以来的中国审美文化的发展大致经历了三个阶段:一是20世纪70年代末期到80年代中期的"日常生活审美化"阶段;二是20世纪80年代后期至90年代中期的"图像时代"阶段;三是20世纪90年代末至今的"身体美学"阶段。这几十年来,学界围绕着审美文化的问题展开了广泛的研究和讨论,取得了丰硕的成果。从20世纪90年代以来,中华美学学会等机构相继发起组织了关于审美文化讨论的学术活动。1994年,"当代审美文化理论建构笔谈"的学术讨论会在北京举行;1994年,"大众文化与当代美学话语系统学术研讨会"在太原召开;1995年,"走向21世纪:艺术与当代审美文化学术研讨会"在呼和浩特召开;1996年,"96中国当代审美文化学术研讨会"在昆明召开;2001年,"当代流行文化国际学术研讨会"在武汉召开;2003年,"美与当代生活方式国际学术讨论会"在武汉召开;2004年,"全国审美文化学术研讨会"在日照召开;2006年,"审美文化高峰论坛"在北京召开。这些学术会议引发了美学对于现实人生境况和当下生存状态的关注、审美文化理论的建构和发展前瞻等问题探讨的热潮,使得美学这个学科脱去了冷硬的外壳,展现出一副充满生机和活力的新形象。

改革开放四十多年来,审美文化在我国的发展经历了三重嬗变。第一个阶段是20世纪70年代末期到80年代中期的"日常生活审美化"阶段。赫勒的"日常生活审美化"的理论打开了国人的视野,开始小心翼翼地触及着人们长期秉承下来的各种传统的审美观念,审美开始转向日常的生活领域,这是当代美学发展的文化逻辑。按照赫勒的理解,日常生活是个体的生活实践,"我们可以把'日常生活'界定为那些同时使社会再生产和成为可能的个体再生产要素的集合"[2]。

---

[1] 托马斯·门罗:《走向科学的美学》,石天署、滕守尧译,中国文联出版公司,1985年版,第1页。
[2] 阿格妮丝·赫勒:《日常生活》,重庆出版社,1990年版,第3页。

人类生活的场所,人类存在的"家园感"——诗意的栖居,均以日常生活为基本寓所。由于日常生活代表着个体生存的真实状态,是体现个体生活质量的重要标志,因此,日常生活世界是个体生存的最重要根基和寓所,是文化的真正出发点和归宿。而建立一种完整而富有审美意义的日常生活世界,既有利于个体的生存和成长,也是消费时代的审美应追求和尽可能实现的重要目标。舒斯特曼说:"这种哲学的目的不在于制造符合逻辑的句子,不在于构造有关世界真相的知识体系,而在于帮助人们解决生活中的困惑,过上幸福生活,最终将自身做成一件艺术品。"[1]消费时代的审美文化所关注的内容正是日常生活中人的感性存在问题。

"日常生活审美化"是对20世纪早期唯美主义的承接和反动。德国哲学家韦尔施率先提出了"日常生活审美化"的概念,他认为日常生活的审美化首先反映在"表层的审美化",即从购物中心到咖啡馆,从办公室到家庭装饰,物质层面的美化成为普遍的潮流。古典美学家往往把艺术、审美和日常生活隔离对立,而在今天,审美活动已经走出了纯艺术的范围,渗透到了日常生活的方方面面,占据着大众日常文化、日常生活中心的不再是小说、诗歌、戏剧、绘画、雕刻等经典艺术了,而是新兴的泛审美文化,如广告、流行歌曲、时装、景观设计、公共环境规划等。艺术,曾被看作是对社会现实的模仿,然而,我们今天的社会本身就是一个巨大的艺术作品,艺术与现实之间的边界模糊了,正是在此意义上,日常生活的审美化成为可能。"日常生活审美化"来自两个方面的合力:一方面是激进的艺术家的努力,由此把艺术推向了日常生活;另一方面则是来自社会公众,他们逐渐改变着自己的审美观念,把越来越多的不属于艺术的日常事物看作是艺术品。后现代意义上的"日常生活审美化"把唯美主义推向广泛、平庸的日常生活,以泛化"美"的消费文化替代审美,这铸就了审美文化与消费文化之间的天然联系,也是后现代"日常生活审美化"区别于前现代和现代社会的某些类似的审美化之所在。

第二个阶段是20世纪80年代后期至90年代中期的"图像时代"阶段。1986年美国科学基金会建立了TCP/IP协议,使NSF网成为因特网的主干;20世纪90年代初,随着万维网和浏览器的研发成功,网络成为"第四媒体",它彻底地改变了世界的经济和文化面貌。由于科学技术日新月异的发展,人类创造了日益丰富的物质世界,所有心灵的意象都被物质化地呈现出来了,结果就

---

[1] 彭锋:《舒斯特曼与实用主义美学》,《哲学动态》,2003年第4期,第32页。

造成了在审美与传媒的合谋下,图像被大量制造、复制、传播、浏览,世界呈现为图像的方式,审美文化完成了向视觉的转向,媒介通过无处不在的覆盖性,把许多本身非视觉性的东西也加以视觉化,"眼球经济"正是对这种转向的形象写照。如图1-1所示,图中是一则关于调味品的广告,呈现出的不仅仅是人们把餐盘中的"调味品"吃光了,甚至连餐具"勺子"都几乎快被吃掉而毫不自知的怪诞广告形象,就如同广告标语所说的"美味让你忘记一切"一般。此广告以颠覆的手法,将广告形象通过图像呈现出来,使人们通过广告形象构建的虚拟语境来认识世界、把握世界,使视觉冲突感直达人们的眼球。丹尼尔·贝尔认为当代社会非常强调视觉成分在生活中的影响,它包括渴望行动、追求新奇、贪图轰动等因素①。这就导致了"视觉"开始取代"大脑",感官愉悦开始取代判断力,由此以来,图像时代审美文化呈现出体验感官化、审美平面化以及世界幻境化的特征。

图1-1

普特南(Hilary Putnam)曾讲述过"缸中之脑"的故事:"一个人被邪恶的科学家实施了手术,他的脑从身体上切了下来,放进一个盛有维持脑存活营养液的缸中。脑的神经末梢被连接在一台计算机上,这台计算机按照程序向脑输送信息,以使他保持一切完全正常的幻觉。对于他来说,似乎人、物体、天空还都存在,自身的运动、身体感觉都可以输入。这个脑还可以被输入或被截取记忆,截

---

① 丹尼尔·贝尔:《资本主义文化矛盾》,赵一凡、蒲隆、任晓晋译,生活·读书·新知三联书店,1989年版,第154页。

取掉大脑手术的记忆,然后输入他可能经历的各种环境、日常生活。他甚至可以被输入代码,'感觉'到他自己正在这里阅读一段关于有趣而荒唐的假设文字:一个人被邪恶的科学家实施了手术,他的脑从身体上切了下来,放进一个盛有维持脑存活营养液的缸中。脑的神经末梢被连接在一台计算机上,这台计算机按照程序向脑输送信息,以使他保持一切完全正常的幻觉。"有关这个假设的最基本问题是:"你如何担保你自己不是在这种困境之中?"尤其是在消费和商品主宰一切的今天,我们似乎不得不将这个噩梦般的故事视为启示和预言,审美文化通过现代传媒技术这种高效而直接的介质铺天盖地、无孔不入地进入和影响、操纵着我们的生活,"我们已经生活在一个无处不有的现实的'审美'幻觉之中"①。当代审美文化以一个幻象的虚拟世界诱惑,或者取代了我们对真实世界的感知,从而给予人们在现实中无法获得的抚慰和补偿。然而,任何假设都可能包含有一种误导或解构的因素,审美文化在视觉霸权和文化商品的旗帜下,展示了未来我们在获得无限可能的名义下被剥夺了一切自由和想象的前景的可能。

第三个阶段是 20 世纪 90 年代末迄今为止的"身体美学"阶段。这个阶段可以说是 20 世纪审美文化的一个总结,也可以说是审美文化进入一个新的世纪、新的阶段、新的观念的开始,人们不再玩味生活的审美;人们也不再满足于读图看图——临渊羡鱼,怎比得上结网亲自捕鱼?传播学者麦克卢汉曾说过一句惊天之语:"媒介,是人体的延伸。"②这就意味着,在当代审美文化中,人——不仅是以其思想、情感和感官,参与到审美的饕餮盛宴中,甚至人的身体本身,也成为一种被看、被观赏、被读的对象。从 20 世纪 90 年代兴起汤加丽的人体艺术,到 2000 年的卫慧、棉棉的"身体写作",从 2004 年杨媛的"人造美女"事件,到 2005 年"芙蓉姐姐"的横空出世③,从近些年来瑜伽、武术的流行,到美容产业的兴旺、色情网站的泛滥,从福科将身体挖掘为一个批判现代理性的思想主题,到 1990 年理查德·舒斯特曼提出"身体美学"的概念,这一切都向我们预示着:这是一个全面返归身体的时代,身体的功能和特性与媒介结合起来,作为一个事件,身体被抽象为一种符号,并和裸露相依为伴,不断地剥去了人性的成分,它无可争辩地成为中国当代审美文化的一个中心问题。身体美学也演变为一个全球化的事实:身体取代

---

① Jean Baudrillard, *Simulacra and Simulations*, trans. Paul Foss, Paul Patton, and Philip Beitchman, (Stanford, CA: Stanford University Press, 1983), p. 148.
② 马歇尔·麦克卢汉:《人的延伸——媒介通论》,何道宽译,四川人民出版社,1992 年版,第 24 页。
③ 芙蓉姐姐的经典自我描述即为"妖媚性感的外形和冰清玉洁的气质"。

了树林和山水,成为崭新而巨大的自然风景。

身体美学的核心是人体艺术。然而,在中西的文化艺术史上,身体却常常扮演着一个紧张而尴尬的角色。一方面,它是邪恶的象征,身体是灵魂通向真理的障碍,"带着肉体去探索任何事物,灵魂显然是要上当的"①。身体总是处于一种被放逐的地位。另一方面,人体的美自古以来又都是重要的审美对象,从美发、美足、美甲到燕瘦环肥的审美风尚,从古希腊的人体雕塑、明清的春宫图到今日的行为艺术都毫无疑问地向我们印证了这一点。无论是中国古代的三寸金莲,还是西方古典芭蕾以及现代的美容整形术,这些身体美学的实践活动,都是对身体进行严格控制与规范化训练,使审美活动与日常生活融合在一起,"人的本质不再是一些抽象的形式原则,而是充满了肉体欲望和现代感觉的'生命',身体已经从'面容之美'表现走向了'躯体之力'的展现,从精神意象的呈现走向了欲望肉体的展示,身体成为肉体性、享受性和存在性的证明"②。这就突显了海德格尔所说的由"存在"向"在"的转化,身体在此从一个大自然的作品变成了一件艺术品,也成为当代审美文化和广告美学凝聚的焦点。

改革开放四十多年来,中国审美文化一直是在精神与物质、灵魂与肉体、道德与欲望、理性与放纵、高雅与低俗、边缘与中心的二元对抗的格局中成长和发展的,这就使得它体现了现代与后现代相交织的特点,也体现了西方文化与东方文化相冲突与融合的特征。学界对审美文化的研究已不仅仅局限在微观的视角,而是从更广阔的宏观视野,从大美学的角度来思考审美与人的生存问题,并在以下几个方面取得了突出的成果:

1. "日常生活审美化"对人的主体性的修复

日常生活的审美化改变了对日常意识中断和距离关注的现代主义美学观念,重新修复了艺术与生活的联系,这无疑具有积极的意义。日常思维带有明显的实用主义目的,旨在解决个体当前的生活问题,它虽然具有消解艺术的倾向,却也隐含着否定、变革和颠覆的潜能。对日常生活的审美化诉求,就是对人的主体性的修复,就是对创造性和想象性生活的塑造,"不论怎么来解释,艺术都承担了一种世俗的救赎功能。它提供了一种从日常生活的千篇一律中解脱出来的救

---

① 柏拉图:《苏格拉底的最后日子——柏拉图对话集》,余灵灵、罗林平译,上海三联书店,1988年版,第128页。
② 杰克逊·李尔斯:《丰裕的寓言——美国广告文化史》,任海龙译,上海人民出版社,2005年版,第9页。

赎,尤其是从理论和实践的理性主义里不断增长的压力中解脱出来的救赎"①。在宗教衰落的时代,审美的确具有世俗的"救赎"功能。首先,生活进入了艺术,这致使传统艺术人为设定的距离感、陌生化、典型化、理想化等概念被打破了,大量原生态的生活内容进入艺术。其次,传统艺术中理性思维一统天下的局面被打破了,从感性到理性、潜意识到意识、现实到虚拟绝妙地搭配在一起,它把人从现代工具理性的牢笼下解放出来,大大促进了人的个性的独立,这就是韦伯所说的审美现代性的意义之所在。日常生活的审美化提高了人的生存质量,审美文化的"全民参与、大众狂欢"的特性,使得艺术不再是少数人的特权,而成为一种公共的资源;同时,日常生活的审美化也提升了人们的审美趣味,培育了他们对美的追求的主体意识。

2. 图像时代对感性的解放

曾几何时,感性在理性的压迫下,变成一种最低级的心灵能力。感性的东西总是和真理相去甚远,因而"保证身体需要的那一类事物是不如保证灵魂需要的那一类事物真实和实在的"②。当代审美文化鲜明地把感性和人的生存尊严联系起来,把感性看作不仅是人的本能,同时也是人类理性的基础,它将人从人为的语言重压下解放出来,矫正了语言对人的异化,使人的审美潜能被大大激发出来。事实上,对感性的解放是一条通往人性的健全发展、人类精神的自由发展之路,是使人成为其完整的人、自我实现的人的必由之路。

丹尼尔·贝尔说:"当代文化正在变成一种视觉文化,而不是印刷文化,这是千真万确的事实。"③麦克卢汉也提醒人们,每一次感官比例的变化调整给人们带来的不仅是生理的变化,更重要的是对心理的影响。视觉、听觉等感官比例的变化延伸了不同的空间,塑造着我们感知世界的方法和能力以及思想的模式,图像时代释放了沉沦在理性陷阱中的感性,使审美不再是理性的附庸,而变得生动和充满活力,这个转变就是舒斯特曼所谓的"后现代转向实际上就是审美转向"④,也就是整个社会由以科技为主导的现代化转向由艺术为主导的审美化的转变。

---

① 周宪:《审美现代性批判》,商务印书馆,2005年版,第157页。
② 柏拉图:《理想国》,郭斌和、张竹明译,商务印书馆,1996年版,第375页。
③ 丹尼尔·贝尔:《资本主义文化矛盾》,赵一凡、蒲隆、任晓晋译,生活·读书·新知三联书店,1989年版,第156页。
④ Richard Shusterman. *Practicing Philosophy:Pragmatism and the Philosophical Life*,(New York and London:Routledge,1997),p.114.

3. 身体美学对美学科学化的探索

传统的美学研究,主流的美学学派对美学的研究都是偏重于审美的人文性、精神性,而忽略了其科学性、自然性的一面。这个由毕达哥拉斯所开创的学派已经在日常生活中显示出了它的独特魅力,如黄金分割率在建筑规划和工业设计中得到广泛的应用,营养学上也开始注意到审美与科学的关系,如:最健康的人体比例是身长是头高的 8 倍;最美的女性身体比例是以肚脐为界,上下为黄金分割的比例;最标准的女性身材为胸围=身高×0.51,腰围=身高×0.34,臀围=身高×0.542。从这个意义上讲,审美文化其实是沟通人文科学与自然科学的桥梁。人体美的本质和数学是息息相关的。亚里士多德说:"美的最高形式是秩序、对称和确定数,数学最明白地揭示了它们。"[①]杨振宁也从自然科学的高度指出,大自然的美源自它们内在结构所具有的和谐、简单、对称和巧妙的秩序,这本身就是数学化的[②]。对于长期缺乏自然科学基础支撑的中国美学而言,日常生活的审美化和身体美学所开启的这个研究方向,是美学进入到科学王国的重要途径,它具有十分重要的学科价值和现实意义。

4. 当代审美文化与女性解放

在谈到当代审美文化的价值时,我们不能忽略它对于女性解放的重要促进作用。女性是消费文化中的重要角色,也是广告文化的主要受众,她们是"日常生活审美化"的主要推动力量。在今天的中国社会,"美女经济"已经成为一个利润巨大的产业,减肥、整形、美容、美发机构从星星之火到现在已成燎原之势,养颜、护肤、美甲等化妆品专柜占据着各大卖场最显著的位置;女性也是"图像时代"的主角,事实上,女性不仅是电视屏幕上的"视觉中心",也是屏幕下的收视中心,女性对观赏广告、娱乐节目、电影的嗜好和利用电视消磨时间的概率要大大高于男性。其中属于女性必须消费品之一的文胸在广告中也体现出当代的审美文化与女性解放。如图 1-2 所示,文胸广告中突出的不是女性,而是男性,尽管男性看起来占画面比例比较小。此广告打破了文胸作为女性必需品、实用品的一面,将女性与男性的"软需求"同时呈现出来并结合起来,体现出文胸不仅仅是女性的实用品,更是将其作为一种"美"的对象呈现在"男人"面前。在女性的维度中,文胸不再像以前是一个私密的领域,而转变为公共视野。

---

① 苗力田主编:《亚里士多德全集》(第七卷),中国人民大学出版社,1993 年版,第 296 页。
② 程民治:《杨振宁的科学美学思想述评》,《自然辩证法通讯》,1997 年第 6 期,第 27 页。

图 1-2

另外,女性更是身体美学几千年来积极的倡导者和实践者。一方面,女性促进了身体自身的商品化和市场化,"身体作为消费主义建构而成为一种物品,又成为女性文化中的一个重要因素,被改变,被出售"①。另一方面,女性又以身体的直接性,以自残、自虐乃至自我否定(变性)的方式对传统的女性观念进行反抗和批判,在这个过程中,当代广告文化对于女性从身体到精神方面的自由和解放都起到了非常重要的启蒙作用。

在一个过分审美化的时代,广告美学是否应该承担起文化批判的角色,是否应该起到给人震惊、使人振作的社会责任呢?马尔库塞说:"事实上,美学形式是以歌颂普遍人性来回应孤立的个体主义,以提升灵魂来回应物质的不多,以提高内在自由的价值来回应外在的奴役……当肯定与否定之间的张力,快乐与悲伤之间的张力,较高文化与物质文化之间的张力已经不存在了,审美便失掉了它的真理,失去了它自己。"②在一个物欲横流的消费时代,广告美学所开启的,应该是一种他者的存在,一种源自我们自身同时又异于我们存在的一种存在。如果审美等同于生活,或等同于身体感官的刺激,那么,我们的世界真如徐复观所言,

---

① 毛崇杰:《后现代美学转向》,《杭州师范学院学报》(社科版),2004 年第 6 期,第 35 页。
② Herbert Marcuse, *Aesthetic Dimension*, (London: MacMillan Press, 1979), p. 2.

本质上仍只是一个大动物园的世界①。广告美学所开启的这个其他经验所不能接触到的世界,体现了人在自然、物性和商业等实在原则面前的一种自主性。以广告美学为代表的当代审美文化不应成为消费文化的同谋,而应秉持超越的态度,对各种审美文化现象进行反思和批判,并在此基础之上,重建人类的精神家园。

第二节　广告美学的三个维度

广告作为当代审美文化中与大众的日常生活最为贴近的部分,鲜明地体现了数字时代、消费时代的文化表征——这是一个技术融入生活、审美化为生活的时代。广告作为审美文化中最具活力的部分,与我们每个人的生活息息相关。每天,我们打开手机看朋友圈信息、浏览天气预报时,也会被动或主动地浏览、接受各种广告信息,广告成为现代社会大众生活潜移默化的一个程序。人类崇拜从图腾、英雄、明星,进化到对机器的崇拜,或许,这就是所谓的"机器之瘾"吧。"微时代"人们在利用智能手机等移动技术设备进行日常生活的时候也在把自己变成机器的一部分,以至于人们的自我显呈、自我表述、自我理解都必须或者不由自主地通过机器技术的方式来完成。技术时代,技术成为一种生存方式;而通过广告进行的各种消费活动,不仅是生活的组成部分,甚至成为生活本身的目的。

1. 广告美学是一种技术美学,代表着中国当代美学发展的重要向度

现代广告离不开技术的支撑,对各种手段的依赖使得工具理性自然地被植入到广告的文化属性之中。广告通过"技术主义+商业主义"文化价值模式对人内在价值观念以及思维程序深度改写——人正在变成一架不顾一切去消费的机器,打开手机,刷屏、点赞、吐槽,这是这个时代最为典型的强迫症,在此意义上,技术对人性的宰制也成为"微时代"的一个重要问题。人们在利用智能手机等机器装置进行生活时,也在把自己变成机器装置的一部分,以至于人们的自我显呈、自我表述和自我理解都必须或不由自主地通过技术的方式来完成。今天,每当微民们想要抒发情感时,他们不是拿起笔和纸,写下私人的心情日记,而是打开手机通过微信或微博去"晒",乃至自己的身体、隐私也一并呈现在世人面前。手机化生存也成为一种生活方式,美国计算机专家 Nicholas Carr 曾写过一篇文

---

① 徐复观:《思想与时代》,载李维武编《徐复观文集》(第一卷),湖北人民出版社,2002 年版,第 196 页。

章《Google把我们变愚蠢？》，在这篇文章中，Nicholas Carr指出网络本身是一个机器，是一个以效率、信息收集、传播和处理信息为目的而创造出的机器，它在今天却成为新体制宰控人的日常生活世界和精神世界。智能手机可以说是技术在今天最常见的形态，它可以让这种新技术体制无孔不入地深入到人们的日常生活中。它时刻不停地运转，不停地向接受者发出号令；而接受训示的人们也无暇他顾，他们专注而认真地沉迷于网络的搜索、链接和连他们自己也弄不清楚意义的漫游，更有甚者通宵上网、淘宝。技术让人们掌握了更多信息，也让他们变得麻木迟钝，以至于沦为"行尸走肉"。"微时代"智能技术正在成为新的体制，规训着人们的生活行为，技术在塑造人们生活方式的同时，也在掌控并挟持人们的思想观念，重新改造人们的精神。

本雅明在对文学艺术作品复制过程的解读中，提出技术复制达到了这样一个水准，它不仅能复制一切传世的艺术品，从而以其影响经受了最深刻的变化，而且它还在艺术处理方式中为自己获得了一席之地。这里的机械复制主要是针对印刷技术而言的。在现代社会，印刷使大量复制文学艺术作品成为现实，这种大批量的复制使文学艺术等文化产品走进社会大众，文学艺术与大众之间的距离开始拉近，这打破了传统社会贵族精英对艺术的垄断。在移动互联网的"微时代"，网络媒介将技术时代的机器复制能力变得更加简便、快捷，人们足不出户便可以触及原本属于精英阶层的高雅文化，艺术开始走下了神坛，成为人们日常生活消费的一部分。技术消解了艺术与生活之间的固有界限，使艺术的欣赏越来越成为普通日常生活的一部分。人们还可以通过手机等技术媒介复制、粘贴各类信息，这直接降低了过去艺术创作的技术门槛等成本，使得社会底层的草根阶层也具有了从事艺术创作的可能。

技术在日常生活和精神上改变着人类自身，构建了人类生活新的价值系统。这不仅改变了人与人之间的日常关系，也重新向我们定义了人与机器之间的交互关系，各种移动终端成了人身的一个器官——一个本该用大脑控制的器官，成为人体的延伸。"微时代"新媒介翻身做了主人，智能技术的CPU成为我们的"新大脑"，它通过向我们发号施令，占用了我们所有的休闲时间，并规划着我们的思想和行为。最终，技术使我们丧失思考能力，处于它的控制之下。现代技术为人的欲望的实现提供了很多手段，广告作为技术美学的一个重要组成部分，它不仅对于各种被压迫欲望的结构进行消解，而且也是对于被社会所压抑的人的欲望的释放。然而，这种释放却是一把双刃剑，"这种被释放的欲望一旦失去了它的束缚,就如洪水猛兽一般在世界中横行"[①]。技术会带来精神依赖,打游戏者会上瘾,玩手机会上瘾,广告也不例外,广告为我们提供了我们生活世界的各种可能:一方面,广告使人觉得欲望是自然的需要,是正常的人性,它让被禁欲主义和传统宗教、道德观念束缚的感性需要和人性需求得到了解放;另一方面,它又在生产欲望的同时升华了欲望,欲望在解放自身时不是变得野蛮化和粗鄙化,而是被审美化了。通过广告,我们将欲望变成了前进的动力、幸福的生活和存在的显现,广告让感性和欲望通过技术解放了自身。在此意义上,广告通过生产欲望的方式让存在者显现,让生活世界本身的意义显现,广告在满足生活需要的同时,又悄无声息地向我们展示了一种更加理想化的存在——存在者自身的出场。

2. 广告美学是一种消费美学,是商业文化的重要组成部分

现代社会是以商品大规模消费为特征的社会,消费成为人们生活中的一个重要组成部分,广告、时装、流行音乐深入到日常生活的各个角落。消费的狂热不仅改变了人们的日常生活,重构了人们的生活愿景,还重塑了人们的社会关系和生活方式。商业文化是社会商业活动中所表现出来的文化特征的总称,商品总是以日常生活中的各种物质消费、精神消费为内容,以消费者的需求和心理满足为特点,通过现实的利益交换,直接影响着社会经济文化发展的总体水平。对商品的物质消费,成为商业文化的主要内容,因为"商品自由地承担了广泛的文化联系与幻觉的功能"[②]。消费源于需要,消费社会最重要的特征就是制造需要,刺激消费欲望,而广告在这个过程中起着举足轻重的作用。

例如,在广告的各种营销和劝导下,由商品构成的体系对人的包围已经形成,消费成为当代社会关于自身进行自我表达的方式。传统的鞋子主要是穿着走路的,是一种人人都需要的步行工具。而在某休闲鞋品牌的广告中(见图1-3),鞋子不仅是用来穿的,而且还是用来"看"的,七彩的鞋子象征着丰富多彩的生活,造型各异的鞋子代表的是一种不同流俗、不甘平庸的生活态度,是一种追求新奇、多彩的个性。这个广告中的鞋子就不仅仅是一种步行的工具,它还代表着一种时尚、健康、阳光、"不走寻常路"的生活态度,一种新的生活方式和消费方式。

---

① 彭富春:《哲学美学导论》,人民出版社,2005年版,第273页。
② 迈克·费瑟斯通:《消费文化与后现代主义》,刘精明译,译林出版社,2000年版,第21页。

图 1-3

消费美学的一个突出特征就在于它是一种个体趣味的美学,它以个体本身的趣味作为历史主体来评估消费和需要,"涵蕴了个性、自我表达及风格的自我意识"①,并围绕着消费行为是否有利于个体本身的发展这样一个价值尺度来对消费文化做出评价。消费美学的另一个特征就是它带有一种"无目的的合目的性",也就是消费社会的消费行为有时并不是为了满足需要,消费的意义就在于消费本身,"自我实现、自我表达的生活方式的产生,与浮华消费和风格化的自我呈现融为一体"②。没有规则,只有不同的选择,没有需要,只有欲望,因而后现代社会中的消费文化在本质上是不连续的和没有明确特性的。在此意义上,广告作为消费文化的呈现方式,也是消费美学的重要组成部分。在消费时代,广告成为人们消费的指南——广告引导着人们的消费行为,占有大比重的符号和视觉媒介把消费文化逐渐推向整个社会文化发展的中心位置,并使之成为影响人们思想价值、行为方式的主要因素,"我们生活的世界不仅充满了消费者个性或消费者态度,而且消费文化在其中起了主导作用"③。广告的商业诉求和审美诉

---

① 迈克·费瑟斯通:《消费文化与后现代主义》,刘精明译,译林出版社,2000年版,第121页。
② 迈克·费瑟斯通:《消费文化与后现代主义》,刘精明译,译林出版社,2000年版,第134页。
③ 西莉亚·卢瑞:《消费文化》,张萍译,南京大学出版社,2003年版,第44页。

求是并重的元素,二者的结合及其在经济生产过程中产生的效应,就是广告美学的商业性特征。詹姆逊指出,"广告、形象文化、无意识以及美学领域完全渗透了资本和资本的逻辑。商品化的形式在文化、艺术、无意识等领域无处不在"①。即人们的一切消费需求、消费行为和消费内容等,都是以商品化的"物性"为中心。"文化搭台,经济唱戏",就可以从一个角度说明在文学消费过程中,文学只是沦落为像咖啡馆、商场、会所、餐厅一样的物质化的消费场所,毫无文学、文化的精神特殊性可言,其最终目的还是为了物的生产与消费。今天的广告美学带有很强的消费属性,其目的也并不在于外在于生活的某种实现,而是将审美体验内在地融入生活,"与日常大众消费的发展、对新趣味和情感的追求、明晰生活风格的形成相关,它们已成为消费的核心"②。一句话,广告使生活更加审美化。

广告鼓励个体对商品采用一种非效用性的态度,它通过精心选择的画面安排和商品展示,用独特的风格显示出商品的个性,并由此构筑一种个性化的生活方式,让人从对此商品的消费中获得某种虚幻的满足,这就很容易造成商品消费过程中精神性消费缺失的问题。"本来,消费水平的提高是为了使人过上幸福和满足的生活。消费只是达到目的,即达到幸福的手段。但现在消费变成了目的本身"③。当消费成为唯一的目的,所有的一切都会成为手段,就像赫胥黎的隐忧:"批量生产的人们享受着现代工业技术的控制与压迫,没有诗,没有冒险,没有思考,没有创造,没有自由!"④

3. 广告美学是一种生活美学,这是随着日常生活审美化思潮而兴起的一种新的生存方式

在20世纪上半叶,生活审美化思潮是中国美学的一大发现与创造,以蔡元培、梁启超、朱光潜、丰子恺等美学家为代表,将艺术审美与生活联系起来,要求以美的艺术精神为生命和生活建立基础,倡导一种创造与欣赏、小我与大我、物质与精神、感性与理性相统一的审美化人生态度,这是一种远离功利而积极入世的审美人生态度。20世纪三四十年代,这种审美人生精神和审美人生态度,逐渐被提炼为"人生艺术化"、生活审美化等命题,对中国现代美学的发展产生了广泛而深刻的影响。韦尔施在其《重构美学》中认为日常美学的出现是20世纪60年代后现代时期以来整个文化围绕着日常生活的全面审美化的结果,在这一基

---

① 弗·詹姆逊:《后现代主义与文化理论》,唐小兵译,北京大学出版社,1997年版,第162页。
② Mike Featherstone, *Consumer Culture and Postmodernism*. (London:Sage Publications,1991), p. 67.
③ 埃利希·弗洛姆:《健全的社会》,欧阳谦译,中国文联出版公司,1988年版,第135页。
④ 阿道司·赫胥黎:《美丽新世界》,王波译,重庆出版社,2005年版,第236-237页。

础上,由艺术美学而来的美学基本原则开始失效了,美学需要进行重新建构。鲍德里亚在《消费社会》《仿真与拟象》等一系列论著中描述了后现代时期生活审美化与生活仿真化的复杂关系,揭示了现代文化的新变化让人触目惊心,耐人寻味。费瑟斯通的《消费社会与后现代文化》则把这一后现代时期的生活型美学追溯到19世纪末20世纪初以来的一系列相互关联的复杂演进,即艺术怎样打破艺术与生活的界隔而走进生活,生活怎样以多种方式进入和成为艺术,后现代的图像潮流和符号浪涛怎样把艺术与生活交汇起来,形成一种美学新质,而且在这一过程中描绘了不同于艺术美学的新型审美经验怎样在现代都市文化中成长。舒斯特曼的《实用主义美学》则从理论的角度突出日常经验的重要性,把这一理论回溯到杜威,并通过实用主义美学和分析美学对立的方式论述了日常生活美学与艺术美学的对立,从理论原则和学科演进的角度勾画了生活型美学的主要之点,特别讲到了日常经验的完整性在美学原理建构中的重要意义。曼德卜在《日常美学》中从美学体系的角度逐条地批判了把美学与日常生活隔离开来的传统美学预设,把美学全面地推向日常生活。这五人中的每一位在讲理论时都涉及众多的人物、论著、话语系列。这些不同的话语又呈出共同的理论目标,即突出日常生活中的美在整个文化中的地位和意义。在费瑟斯通看来,消费社会使人们不得不面对这些梦幻影像,将日常生活诉诸审美化,将现实变为虚拟。在这个世界里,现实和影像之间的界限变得模糊,彼此没有了区别。这方面,新媒介技术可谓是首当其冲,由于媒介技术的迅猛发展,人们的生活环境越来越符号化、影像化,它越来越像一面"镜子",构成现实幻觉化的空间。

随着消费主义和后现代主义等文化现象的蓬勃发展,"生活审美化"和"审美生活化"成为现代美学景观的常态化存在,生活和审美之间的界限逐渐消失了。就审美接受以及审美体验来说,生活美学是商业环境下的大众美学,各种流行时尚、服装秀、建筑设计、广告、好莱坞电影等文化景观披上美学的外衣,构成了大都市光怪陆离的日常生活。从广义上说,我们的物质生活和主体精神世界也都被打上各种各样的审美化烙印。从生活美学的意义上讲,广告塑造了现代人生活的理想图景,即只有按照广告中人物那样去生活(消费)才是幸福的生活。如奢侈品牌路易威登(简称LV)的广告(见图1-4),一个摩登女郎带着行李箱坐在铁轨旁,没有旅途的劳顿,没有漂泊的心酸,而是有一种随遇而安的浪漫和从容。这则广告告诉我们,只要你拥有了路易威登的产品,即使人在旅途,也能不失优雅。

图 1-4

不仅如此,广告美学也是一种潜移默化的审美教育方式。审美教育是在感觉经验和精神上重塑一种新的感受、认识和把握世界的能力,生活是审美教育的重要场所。传统审美教育大多还局限在精英层面和学术话语上,局限在校园和课堂里,而没有落实到生活中;而传统的某些病态艺术观念又使得我们对审美教育的理解还停留在狭隘功利的层面,很难使之成为现代人格的资源和养分。中国过去囿于生产力的发展水平和缺乏高质量的审美教育,普通民众的审美趣味往往带有丑(红配绿)、怪(花里胡哨)和趣味上低俗化的倾向,他们的审美素养不免难以脱离生理欲望的满足和实用功利的束缚,即使对很多受过高等教育的人而言,在装扮上的美也难以摆脱"给自己穿戴尽可能多的贵重物品"这样的水准。列·斯托洛维奇认为,"趣味的发达性由理解审美价值的深度、揭示审美价值所具有的丰富意义的能力所决定……趣味的广泛或狭隘取决于趣味评价所理解的审美价值领域有多广,取决于一个人能否评价在各种时代和民族的文化中,在各种艺术形式和风格中产生的审美价值"[1]。广告可以说是我们日常生活中最常见的、和"审美"相关的大众文化,也可以成为开展大众审美教育的重要途径。以某减肥药品牌的广告为例(见图 1-5),同样是促销商品,这个减肥药的广告就做得别出一格,让人在觉得荒诞的同时又有一种"陌生化"的美学效果,颇有新意。这样既达到了引起关注的目的,又让人感到亲切、可爱,妙趣横生。可见,通过广

---

[1] 列·斯托洛维奇:《审美价值的本质》,凌继尧译,中国社会科学出版社,1984年版,第151页。

告而进行的审美教育既不是关于"美"的知识教育,也不是艺术教育,它在本质上是一种趣味教育,即养成良好的生活品位和人生趣味,在这方面,广告承担着提升大众审美水准、提高生活品位的重要使命。很难想象,在一个审美水准普遍低下和病态的社会,能产生高质量、高品位的广告作品。优秀的广告作品,在一定程度上实现了其商业价值后,还可以唤起我们对于生活中假、丑、恶的反思,从而让我们去追求更加审美化的生活,更加有审美品位的生活质量,同时也有效地培养起一部分具有良好审美素养的媒介受众,达到创造现代生活、提高民众审美素养的目的。

图1-5

第三节 广告美学的意蕴

20世纪下半叶以来的信息时代、消费时代也是一个审美泛滥的时代,随着科学技术的高速发展和媒介文化的蓬勃发展,日常生活审美化大潮汹涌而来,韦尔施将其称为"美的泛滥",是"表面的审美化"或"物质的审美化",追求的是最肤浅的审美价值:不计目的的快感、娱乐和享受。因为"服务于经济的目的",即使"日常生活被塞满了艺术品格","美的整体充其量变成了漂亮,崇高降格成了滑稽"。那么,在这样一个日常生活审美化的时代,我们该如何去评价广告美学的意义和内涵呢?

1. 符号呈现

广告由传统社会向消费社会转型,标志着整个社会文化由商品社会向符号社会的转型。在生产型的社会中,广告的诉求内容主要是以产品的功能为主,广告总是力求将产品功能的独特性遴选和传达出来,以产品功能的独特性来获得受众的注意,广告常常以清晰、明确、完美地表现产品的功能为主要的审美诉求。而在消费型社会里,广告所诉求的中心不再是产品的功能性特征了,而是产品的符号性呈现特性。著名的广告大师威廉·伯恩巴克曾说:"广告上最重要的东西就是要有独创性和新奇性。"①广告所追求的是为产品塑造一套独特的符号能指系统,用鲍德里亚的话来说,就是"在符号体系中为产品寻找一个独特的符号"。比如德国化妆品公司擅长使用亲善的广告形象传达自己的品位。2004年,多芬在英国登广告招聘"真人"女模特,其中一位是96岁的艾琳·辛克莱,当大幅照片矗立在美国纽约的时代广场上,广告词中还煽情地说:"有皱纹吗?难道这不是令人难以置信的奇迹吗?"(见图1-6)鲜明地传达出知性女性的真实、简约和自信的美。这则广告打出之后,多芬公司的化妆品销售量一路飙升,竟然猛增了700%,创下了历史纪录。多芬广告试图挑战当今社会那种思想狭隘的、年轻貌美的女性美的观念。通过这项活动,他们要向全世界的人们表明:美丽是多元化的,社会应接受更加现实、更加宽容的"美女"的概念。

图1-6

由此可以看出,从传统追求产品功能独特性的USP理论,发展到注重追求产品的品牌形象理论,然后再到20世纪70年代的心理定位理论,广告的创意重心转移遵循的主要是从产品本身的功能向品牌的形象、消费者的心理空位转变的思路。在这种创意重心转移的背后,体现了广告审美从功能性导向到符号性导向的审美转变。在广告的呈现系统中,产品本身的功能地位正在弱化,而广告所承载的符号功能却发挥着越来越重要的作用。

---

① 丹·海金司:《广告写作艺术》,刘毅志译,中国友谊出版公司,1991年版,第6页。

2. 情感体验

我们知道,消费者的消费过程不是一个单纯满足生理需要的过程,而是一个伴随着心理的、情感诉求的过程。作为一种大众化的沟通方式,广告不但要通过理性的声音向消费者传递商品信息,而且也要通过情感的手段从心灵深处打动消费者。因而,广告从根本上讲是一种情感沟通、情感体验的交流方式。要引起消费者的情感反应,设计者就要了解广告受众的社会价值和情感焦点。在生产型的社会,消费者主要关注的往往是产品的使用价值,广告常以消费者因使用产品产生的愉悦感作为表现内容。广告中这种愉悦的情感体验往往与产品的粘附性比较强有关。如图1-7所示,经典的百年润发广告(周润发版)中,周润发饰演的男性为自己爱的人洗头的场景,无疑会打动无数的人。这则广告最成功的地方就在于通过一个非常普通的生活化场景,将爱情的理想状态呈现出来,"百年润发"不仅传达了其产品是老字号、品质可靠的商品信息,同时也符合人们期待爱情天长地久的美好愿望,广告中表达的深挚情感和产品品牌极高的关联度给观众留下了深刻印象,取得了很好的广告效应。

图1-7

在以消费为主的社会中,消费者常常更为在意的是产品的符号价值的区分作用。因而,广告要展现个性风格,以表现出新奇性、娱乐性为基础的愉悦感体验。百年润发广告(周润发版)的叙事片段性比较强,故事性较弱,所表现的情感虽不浓烈却富有浪漫气息,不注重追求情感的深刻久远性,而重在表达当下情绪的完整性,给广告受众留下了值得久久回味的情感体验。

广告与消费者之间是有距离的静态的审美观照,因此,广告文案表达的文辞美、广告版面设计的装饰美就成为吸引消费者关注广告的主要因素。消费者静态地观照广告,领略的是广告作品整体所传达的形式美感。伴随消费型社会兴起和发展的则是电视、互联网等媒介的次第登场,这些广告媒介的繁荣给广告的审美观照形态带来了巨大的变化。视像化的电视广告带来了超真实的"仿像",给消费者全方位的视听觉体验;互联网的互动性使消费者能够全面地去感知广告商品,4G智能手机等新媒体更是给消费者带来了"随时、随地"全天候接触广告的便利。这些广告不仅仅作用于消费者的视觉,而且诉诸消费者的听觉,甚至味觉、触觉,形成了全方位通感式的审美感知。距离消解有益于对那些被置于常规的审美对象之外的物体与体验进行观察,这种审美方式表明了与客体的直接融合。它把审美主体本身裸露在客体能够表现出来的一切可能的直观感应面前。

3. 民族格调

今天,由于经济的全球化发展以及交通、通信方式的快速发展,整个世界变成了一个地球村落般的存在。"地球村"一方面加强了全球信息的交流、价值的对话,另一方面也打破了国家与国家、民族与民族、文化与文化之间的藩篱,使得各地域之间、文化之间的矛盾不断。没有缓解、调和的趋势,反而在一段时间内使得冲突和矛盾得以凸显。在这种背景下,世界文化中有两个似乎是相反的潮流却蓬勃发展起来,一个潮流是全球化(globalization),另一个是地域化(localization),这两股潮流相反相成,成为构建人类命运共同体和普遍价值的大潮下暗流涌动的推手,这一世界文化发展的潮流也在广告设计、广告创意上得到了呈现。近几十年来,随着中国经济的强势崛起,中国广告经历了一个从追随、模仿西方到开始自我意识的觉醒、民族主体意识的重构的发展过程,在这个过程中,广告成为联系中西方文化、艺术、审美的重要纽带,承担着向世界发出中国广告人的声音、"重新发现东方审美传统和艺术精神"①的重要文化使命。任何一个广告设计者,都想设计出艺术风格鲜明生动、表现手法和形式更完美、富有感染力的广告作品,一些富有民族特色的元素开始成为现代广告重要的表现手法,以唤起受众的兴趣与注意,并由此向世界展现中国文化的内涵和东方美学的神韵。中国广告不仅要引导消费行为产生,同时也要使消费者在获得广告信息时还能感受到中国传统审美情调的熏陶,得到美的享受。例如,中国银行有几则广告就具有浓郁的中国气质,图1-8所示的广告以非常具有中国特色的乐器——

图1-8

---

① 刘建平:《东方美典》,人民出版社,2017年版,第374页。

鼓——的形象，衬以大红色的背景，既表达了新年的喜庆和祝福，同时也通过这种浓郁的中国元素传达了一种对于来年生活的美好期待。

中国银行系列的风景、人物广告也都富有民族情调，其共同的特点是简洁、明快而又天人合一，这些充满意趣的画面反映了中国文化独特审美的空间意识和闲适空灵的审美价值取向，表现出中华民族不卑不亢、大气、沉静而内敛的财富观，同时又很好地营造了一个浑实却不失飘逸的中国银行的企业形象。不少外国企业在进入中国市场时，也非常注意使用带有民族情调的广告创意，拉近和消费者之间的情感距离，既树立了良好的企业形象，同时又让人在情感上、审美上易于接受，从而达到唤起注意、促销商品的目的。例如，某汽车的广告（见图1-9），整个车身设计成了中国传统旗袍的样式，周围配以喜庆的春节大红色，非常富有民族情调。近些年来，不少中国广告的创意也非常注意将中国文化独特的审美形式及其价值取向和商品市场的开拓、品牌意识的强化有机结合起来，共同营造了一个个具有民族审美格调和世界格局的中国现代企业形象，这也代表着中国广告业一个新的发展方向。

图1-9

公益广告可以说是所有的广告形式中最具有普遍价值和人文情怀的广告形式，在某种意义上，它需要克服不同国家、民族的文化传统、文化习俗、宗教信仰、审美偏好等方面差异，力求通过简单生动的形象传达出对公共领域问题的关心,对人类共同困境的思考以及对当下生存状态的感受。一般认为,这类广告可能是比较排斥民族化的表现形式和审美格调的,但不尽如此,如图1-10所示的禁止乱涂乱画的公益广告,它以京剧脸谱作为主要的形象,只是这个脸谱上贴满了小广告、各种办假证的电话号码,它通过"我们的脸没谱了!"这样的双关语对在公共场所乱贴小广告的行为提出了严厉的批判。这样的公益广告就取材于民族素材,表达现代的公共议题,非常富有民族审美情调。可见,民族格调是一柄双刃剑,使用不当可能会成为广告信息传播的障碍,适得其反;如果运用得当,则会唤起广泛的关注,形成独具一格的审美风格,大大强化了其广告传播效果。在强调文化自信,建构民族主体性的今天,中国广告要真正融入世界、走向世界乃至引领世界潮流,就需要有更多创意新颖、独具匠心、民族风格浓郁的高质量的广告作品涌现,通过广告销售中国的产品,同时发出中国的声音。

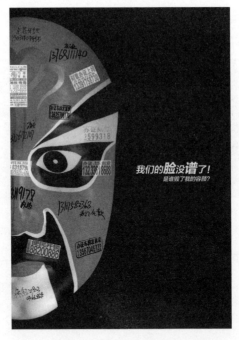

图1-10

可见,在现代广告中,民族风格已成为每一个具有独特审美传统的地域广告都在寻找的独特表达方式,民族风格在某种程度上强化并超越了广告现实功利的单一商业追求,它不仅丰富了广告艺术的表现形式,同时也带来了意味的模糊性、新奇性和多义性,从而给受众留下了意蕴深长的回味空间。

第二章

广告美学与现代性

麦克卢汉认为媒介是"人体的延伸",任何一种电子技术都是人的中枢神经系统的延伸,任何一种非电子技术都是人的肢体的延伸。江南春曾说:"一个人一周没去过徐家汇很正常,一个人一周没回家正常吗?一个人一周没去过写字楼,他会被炒鱿鱼;一个人一周没去过大卖场或便利店,那他就要饿死了。"在信息时代,广告构成了我们生活的"软环境",形态各异、内容千差万别的广告簇拥着我们,包围着我们,甚至追踪着我们,无论我们在写字楼、电梯、大街、厕所,也无论是在收听广播节目时、看电视剧电影时,还是在查看电子邮件时,只要我们睁开眼睛,就不免为各种广告所困扰,从商场的POP招牌、大街上的电子屏幕,到精美的产品包装、不期而至的手机短信,广告不仅出现在楼宇电视上,还出现在家庭电梯海报、社区电视、公共汽车及手机流媒体上……广告已经覆盖到了从写字楼到生活小区的各个角落,甚至在某种意义上成为我们时代价值的文化表征,"大众传播事业已成为人类日常生活中无可避免的一种生活'元素',而广告更是人们每日'必修'的一种课程"[①]。不管我们接受与否,广告对现代观念的启蒙、现代生活的塑造方面,起着任何课程都无法比拟的重要作用。朱丽安·西沃卡在《肥皂剧、性和香烟》中认为广告使美国成为一个更洁净的国家,广告在向美国人推销新电气设备中也起到了显著作用,"若不是有广告来传播高水平的知识,过去半个世纪各阶层人民现代文明水平的普遍提高是不可能的"[②]。改革开放以来,我国发生翻天覆地的变化,一方面缘于经济的飞速发展和物质的极大丰富,另一方面也要归功于广告对新的生活方式、新的生活观念的塑造——吃饭不仅仅是吃饱肚子,还要讲究口味、营养和健康,要营养搭配、远离污染;穿衣服除了遮羞、保暖外,还要追求美观、品位和个性;除了吃饭穿衣外,还要娱乐、学习、旅行……很多这样的画面重叠在一起,就形成了一幅现代新生活的完整图景,构成了后工业时代的"皮肤"。

第一节 生活方式的革命

广告与社会文化语境是不可分离的,真正属于广告的时代不是前工业化社会,甚至也不是19世纪、20世纪的工业化社会,只有在21世纪的后工业化社会中,广告才真正呈现出它无与伦比的活力。麦克卢汉认为,总有一天历史学家会发现,21世纪的广告将要和14世纪的玻璃窗花一样,成为这个社会"最丰富、最

---

① 郑贞铭:《美国大众传播》,台湾商务印书馆,1977年版,第121页。
② 朱丽安·西沃卡:《肥皂剧、性和香烟》,周向民、田力男译,光明日报出版社,1999年版,第139页。

忠实的反映,在反映全社会一切领域的各种活动中,其他时代的社会都只能望其项背"①。"后工业化社会"是丹尼尔·贝尔对当代美国社会的一个定性用语。后工业化社会是一个科学技术高度发达的社会,以"服务"——人的服务、职业和技术的服务为基本属性的社会阶段,这一定性,反映了当今世界文化的普遍特征。但是我们必须注意,西方的任何一种学术话语或分析范型,都不是存在于真空中的,都是特定的社会文化语境的产物,因而无不与中国的本土经验和现实情况存在不同程度的脱节和错位。如果机械地套用原有的思维和理论依据,必然会导致文不对题,不知所云。因而,我们必须对利用法兰克福学派批判理论分析中国目前的广告文化的适用性与有效性进行认真的澄清和反省。在这里,笔者无意对中国社会进行一个定性——中国是否进入了后工业化社会的分析,中国由于文化复杂、地域宽广、经济形式多样并存的格局,不一定整体进入了所谓的后工业化阶段。然而在"地球村"时代,人类的交流和沟通能力得到空前的提高,后工业化国家的文化特征也必然对中国产生深刻而重要的影响。在我国一些经济发达地区,如深圳、香港、上海、北京以及部分沿海地区,后工业化社会的特征还是相当明显的,而我国的广告,无论是制作水平、创意水平还是广告的覆盖面、影响力,大多是以这些地区的观念和风格作为风向标的。

首先,广告创造了新的感知方式。新媒介创造新环境,新环境则作用于人的感知生活。事实上,广告的功能也正在此:它创造了我们的生活环境,并由此影响到我们对生活的判断和思想,影响到我们对生活的感知,人类感官的解放只有在大众消费时代才真正得以实现。身体是人类所有感官的出发点,也是人类生存经验的汇聚点,感官的问题根本上就是身体存在方式的问题。然而,身体这个人类最大的感知器官却长期以来受到不公正的待遇。福柯从古希腊的哲学、医学文献中证实了希腊"性活动被看成是自然的(自然而不可或缺的),因为正是通过这种活动,生灵才得以繁衍,作为一个整体的物种才得以免于灭绝,城市、家庭、家族及宗教也才得以比个体存在得更久,因为个体是注定要死亡的……鉴于性活动深深而谐调地根植于自然,没有任何理由把性活动看成是坏的"②。在中世纪,人的感知能力由于各种宗教规范、文化意识和传统习俗的束缚而受到极大的限制,身体及性活动成为一种罪恶是中世纪以来的传统,而基督教文化是其幕后的推手。在欧洲近千年的历史中,恢宏的教堂见证了近千年来人类生活世界中的生、死、爱等最重大的生存事件,可是却被尼采称之为上帝的坟墓和墓碑。

---

① 马歇尔·麦克卢汉:《理解媒介》,何道宽译,商务印书馆,2000年版,第11页。
② 福柯:《性史》,姬旭升译,青海人民出版社,1999年版,第205页。

尼采认为基督教的道德观念中隐藏着对肉体的深深敌意,"他们蔑视肉体,他们根本不把肉体放在眼里;不仅如此,更糟糕的是,他们对待肉体就像对待自己的仇敌一样。他们的疯狂在于,他们坚信,人在自己死气沉沉的堕落之躯上随身携带着一个'美丽的灵魂'"①。人将自己分裂为肉体与灵魂的对立,便在动物与上帝中间获得了一个独特的位置,一方面人凭借灵魂区分于动物,另一方面人却因为肉体的事实存在而区分于上帝。在这种身心二元论中,身体被曲解为动物性的肉体,并在纯粹生理学意义上被灵魂所拒斥,身体的感性、感知和感受能力被贬斥为恶魔的诱惑。基督教利用祝福、拯救、赎罪等一系列宗教活动不断唤起所谓灵魂中的使命感,在这种使命感的召唤下人们对肉体的易朽和世俗的幸福充满了蔑视。所以,基督教的身心二元论基础上的道德善恶观念最终以禁欲主义的理想表达出来。我们在基督教的道德与信仰的结合中看到,这种道德对人的身体行为及其感知能力做出的规定和指引是要让人牺牲与灵魂对立的自然性的身体。身体在尘世中的自然性存在是无法否定的事实,基督教也无法抹掉这一事实。所以它放弃了对身体的感性存在判断,而转向对身体的价值判断,即对身体不做出"是什么"的判断,而做出"应该怎样"的判断或解释。

身体不仅为人提供了对世界的基本的和时空的视界,而且还为人提供了追求愉悦、认识世界和生活改善的基本动力,召唤出一个在场的身体——"宁愿要倾听健康的肉体的声音:这才是更为诚实、更为纯洁的声音。健康的肉体完美而端庄,它诚实而单纯地言说着,说着尘世的意义。"②从在这个角度看,大众传播尤其是现代广告无疑在解放身体、复活身体的主体意识方面起到了重要的启蒙作用。在新媒体时代,一个最让人吃惊的自相矛盾的现象是对身体的突出关注。当长途通信电话使身体的在场变得不再必要的时候,当整形的电子手术等新技术挑战真实身体的确存在的时候,我们的文化却好像越来越重视肉体,对肉体顶礼膜拜,而在过去,这种荣耀是给予其他受尊崇的神秘事物的③。身体在广告中成为新的神话,人具有自己完美凝望的对象,人的本质不再是一些抽象的形式原则,而是充满了肉体欲望和现代感觉的"生命",身体已经从"面容之美"表现走向了"躯体之力"的表现,从精神意象的呈现走向了欲望肉体的展示。人类感官的

---

① Friedrich Nietszche. *The Will to Power*,(New York:Vintage,1968),p.185.
② Friedrich Nietszche, *Thus Spoke Zarathustra*, *The Portable Nietzsche*, selected and translated, with an introduction, prefaces, and notes by Walter Kaufmann,(New York:The Viking Press, 1962), p.145.
③ 理查德·舒斯特曼:《生活即审美——审美经验和生活艺术》,彭锋译,北京大学出版社,2007年版,第184页。

解放只有在大众消费时代才真正成为可能，身体成为肉体性、享受性和存在性的证明。广告这种融电子技术和文化观念于一体的媒介不仅大大拓展了人的感受空间和想象能力，而且大大拓展了人类生活的视域，即不仅在此生活，也可以通过广告所虚构的幻象以及消费场景，实现"生活在别处"的渴求，从而大大丰富了人类的生活经验和生存体验。广告一方面引导观念，制造偶像；另一方面又展示社会的思想、文化和风尚、精神状况，成为后工业社会的"皮肤"。

身体感官的满足往往同灵魂的荒芜漂泊相一致，而灵魂的漂泊则意味着我们的精神世界出现巨大的真空。在消费文化中，广告通过视、听等各种方式，刺激、劝说乃至训导人们应该怎样安顿自己的肉体生命，获得肉体感官的享乐，并通过消费上的模仿、攀比，将肉体生命的满足和享受与价值生命的实现等同起来。由此，广告在某种意义上具有消解形而上的意义而张扬身体的欲望，反对永恒"乌托邦"而美化当下生命存在状态的倾向。

其次，广告创造新的交往方式。组建品牌俱乐部已经成为现代社会新的营销手段，人们通过消费某一特定的商品组成了新的伙伴关系，这种伙伴关系有着大致相同的消费理念、生活方式、价值观念和交际圈子，也就是说，正是通过广告等营销活动，人们形成了一种新的交往方式。广告在潜移默化当中改变着人与人之间交往和生活方式的变化，譬如在过去，盛夏纳凉是中国人传统的习惯，纳凉的场所也成为人们交流信息、交往人情的一个重要平台，很多新闻、商品信息、品牌的选择都是在这种小聚会式的交谈中得来的。在大众传播媒介无孔不入的今天，广告会教你怎么说，怎么做，怎么选择，该相信什么，人们不再相信经验，不再感到这种温情交流有何必要，广告重新界定了消费、生活、聊天、梦想、人生、成功的意义，并且也改变了人和人之间的距离和交往方式。麦克卢汉认为，媒介塑造和控制着人类交往和行动的规模和形式，广告在现代社会已不仅仅是大街小巷挂满招牌式的呈现方式，而是通过各种电子传媒，以有组织、有策划的文化事件来展示自身的魅力。

广告使人们乐意生活在一个虚拟空间，这使当今社会在消费热潮中进一步打破了人际关系和真实身份的限制，而在虚拟的自我身份想象中以"追"名人和名牌为"时尚"，这体现在广告中出现频率很高的这类话语中，如"某某某，成功人士的象征""某某，雍容华贵，帝王享受"等。在很大程度上，大众追求名牌并不主要追求其使用价值，而是在购买名牌产品时所体会到的出人头地的满足感。广告建构了一种新的社会权力方式，它对人与自我、人与世界关系进行了重新定位和理解。人们对商品的享用，只是部分与物质消费有关，更为重要、更为关键的是人们常常把商品看作是一种标签，用它来显示自身的品位、身份与地位——社会底层的穷人，其消费局限于与第一产业相关的消费品如食品等，而上层消费者则投身于与第三产业相关的文化与信息类消费，如教育、艺术、文化与闲暇信息等，介于两层之间的消费者则主要是技术类消费。人们总是将自己的欲望和广告形象结合在一起，从对商品的消费和占有中获得身份认同和心理满足，"广告甚至是产品本身，都是在设计上诉求于下意识的需求和非理性的欲望。心理学家在某方面是广告代理商最重要的人士"①。在消费的过程中，商品的使用价值已经不是最重要的，其社会价值倒成为衡量商品的核心要素。换句话说，人们抽中华牌的香烟，驾驶奔驰轿车，穿范思哲的服装，系杰尼亚的领带，用香奈尔的化妆品，以及购买 iPhone 手机，主要不是为了满足衣、食、住、行的实际需要，而是为了标榜自己雄厚的经济实力、高雅的生活品位及优越的社会地位。弗·杰姆逊指出，"不是说我这会儿正好没有烟抽，看见了一幅香烟广告，便跑过去买包烟；广告不是这样起作用的，广告的作用在于当我看到'万宝路'广告之后，我决定去买一包'万宝路'"②。这种以消费方式来判定人的身份和地位而非通过传统的社会舆论、人际品鉴、道德风范的方式的转变体现于广告上，具体表现在明星大腕竞相亮相在广告上，凭借个人魅力掀起一浪又一浪的消费狂潮。

很多名人代言的广告最终成为名人展示魅力的舞台，对商品的销售和商品品牌的建立起到非常重要的作用。乔治·路易斯说："如果用得恰当，一位名人能够即刻赋予任何地方、任何产品、任何状况以一种特点、风格、创意、感觉、含义（或者任何你愿意给它的称呼）。"然而，广告的"名人效应"也不可滥用。乔治·路易斯也进一步指出，"名人们几乎总是被以一种既渺小，又贬低身份（对于他们自己，是使他们显得渺小；对于产品，是贬低产品的身份）的方式使用。多数情况下，他们最后看起来都像是仅仅为了挣钱才来拍广告"。广告中的"明星滥用"主要有以下几种情况：①所请的明星与产品"不对号"。例如销售家电产品，却请了一个适用于化妆品的明星，所指和能指发生了错位。②所请的明星没有充分使用到位，造成资金的浪费。例如，花巨资请了一流明星做广告，却舍不得花与之相匹配的资金在有针对性的媒体上进行传播。③"攀比式"请明星。例如你请了某个明星，我也要请这个明星，结果是将该明星的身价抬得奇高。其实这个明星不一定适合本企业的产品，还不如请一个"档次低一点"的明星。④所请的明星在国际上很有名，价位虽然高，但在国内却不具备相应的知名度。为此许

---

① 郑贞铭：《美国大众传播》，台湾商务印书馆，1977 年版，第 134 页。
② 弗·杰姆逊：《后现代主义与文化理论》，唐小兵译，陕西师范大学出版社，1986 年版，第 202 页。

多广告在明星的画面旁边标明"国际巨星"之类的字样,其实公众根本不买账。⑤过分迷信明星的作用,而对出色的广告创意认识不足。事实表明,一个出色的广告创意往往可产生出其不意的效果,且费用比请明星低得多。在宝洁公司广告成功的秘诀中,有一条就是很少用名人做广告,而是选用普通老百姓,以显示其平民化、亲和力的营销策略。

在消费社会,广告使得消费本身成为人获得成功和自由的象征。你想受人尊敬吗?那么请你消费。你想获得自由吗?那么请你消费。你想为社会做出更大的贡献吗?还是请你消费。这种消费至上的社会法则丧失了人与自然、人与社会、人与他人及人与自我的丰满存在关系,"商品拜物教中最重要的就是挖空商品的意义,藏匿真实的社会关系,人们的劳动将社会关系客体化于商品中,然后再使虚幻的、符号的社会关系乘虚而入,在间接的层面上建构意义。生产已被掏空,广告重新填充。真实在虚幻的掩饰之下已经无影无踪"。[①] 在广告中所获得的人与社会的关系是消费与被消费的关系,它使主体在生活中不能真切地把握自身的存在,其导致的"商品拜物教"等现象也是值得我们警惕的。

另外,广告还创造了新的思维方式。广告与新闻、社交、娱乐节目一起构成我们每天接受信息的四大部分,"足不出户而知天下事",通过广告这一随手可及的媒介就能实现。从信息量上看,广告的信息和规模完全可以挑战我们主动接受的学校教育的收获和积累。广告作为一种主动的信息和被动的教育,也许我们对它有理智和情感上的抗拒和抵触,也许我们并未对它有些许好感,但是我们却无法否认它的影响无处不在,"现代广告的社会影响力可以与具有悠久传统的学校相匹敌。广告主宰着宣传工具,它在公众标准形成中起着巨大的作用"[②]。从文化影响力看,广告作为一种促销手段,表面上是由各个广告公司和企业的广告部门独自策划和宣传,但在整体上它是一种强大的社会文化力量,它更直接、更准确、更全面地反映出大众的需求,更主动地关心、满足、引导大众的向往。丹尼尔·贝尔说:"广告所起的作用不只是单纯的刺激需要,它更为微妙的任务在于改变人们的习俗……最初的变革主要在举止、衣着、趣尚和饮食方面,但或迟或早它将在更为根本的方面产生影响:如家庭权威的结构,儿童和青年怎样作为

---

① 苏特·杰哈利:《广告与符码——消费社会中的政治经济学和拜物现象》,马姗姗译,中国人民大学出版社,2004年版,第52页。

② 饶德江:《广告创意与表现》,中央广播电视大学出版社,2001年版,第139页。

社会上的独立消费者,道德观的形式,以及成就在社会上的种种含义。"①这句话非常精辟地指出了广告在今日对我们的思维方式和精神生活的影响。广告对人的影响是一个渐进的过程,先从感官入手,然后转向行为,然后再到思想道德观念方面。广告必须触动人的灵魂,把握人的精神需求,才能发挥实际作用。

自媒介技术日益发达之日起,媒介的工作就是孜孜不倦地消减"意义",即使在互动型媒介出现后亦是如此。广告让人类所有感官卷入到观点形成的全球化浪潮中后,理性的公众转变为交互式的大众,它重构了人们的生活,影响着人批判性地思考世界,麦克卢汉担忧的"文化内爆"指的正是电子化引起的后工业化社会出现的文化裂变。这种消费狂热带来的滥用广告现象也是值得我们注意的。有些企业盲目采用超前广告,在产品还未上市前就在市场上展开大规模的广告宣传攻势,他们认为这样可以制造消费者的渴求心理。但当产品投放市场后,却发现完全不是那回事。美国广告大师内斯特·迪希特说:"一切广告、一切旨在促销的计划,它的一项根本任务就是要允许消费者自由地享受生活,让他知道他有权将凡是能够使他的生活丰富、愉快的产品都放到他的周围。"极度生产以及耗费资源,用庞大的消费主义刺激消费的欲望,日益成为现代人生活大循环中的"癌症"。阿多诺说:"文化工业的面貌是个混合体,一方面是流水作业,具有如照片一样的精确和硬度,另一方面是个人主义的残余,多愁善感和早已理性地安排好的浪漫主义。"它使一种丧失了简朴精神生活状态成为当代物质过剩中的精神贫乏常态。在我们的日常生活中,这种交换方式已不再具备它在原始节日与交换礼物的宗教节日里所具备的集体的、象征性的,而且起决定作用的意义,它助长了人们的奢侈、炫耀和不顾后果攀比的消费恶习,这种不可思议的普遍浪费现象由广告加以煽动并不断得到强化。

今天,消费的主题已经不再是获取物品,而是通过消费来达到自我个性的实现。广告成为塑造个性、社会阶层重组的重要手段,人们对商品的选择不再是简单的消费活动,而成为一种生存活动,一种对于自身的生存方式、身份地位、社会形象的选择。皮埃尔·马蒂诺指出,任何购买行为过程都是购买者的个性与所谓产品的'个性'之间的一次相互作用。广告用碎片化的剪辑将人内化,影响到人观察世界及自身的方式,很多短片广告,没有特定的情节,好像是由许多支离分散的情绪组成,它并不传播完整的信息,而是一些散乱、模糊、嬉皮、无逻辑的叙事,如梦呓般的拼贴式诉说……传递一种暧昧的、朦胧的情调。广告对信息的

---

① 丹尼尔·贝尔:《资本主义文化矛盾》,赵一凡、蒲隆、任晓晋译,生活·读书·新知三联书店,1989年版,第116页。

传达已不再仅仅局限于准确和翔实,而是瞄向一种风格和意境的定位,无所谓连贯和完整,也无所谓逻辑和情节,这类广告展现了后现代语境中艺术与日常生活界限的消解,日常生活被刻意地进行审美化、个性化了。

第二节 解释系统的"范式"转换

广告不仅构筑了我们的生存方式,还为社会文化提供了新的解释系统。戴维·M.波特说:"不懂广告就别指望理解现代通俗作家,这就好比不懂骑士崇拜就无法理解中世纪吟游诗人,或者像不懂基督教就无法理解19世纪的宗教复兴一样。"[①]广告为我们的时代提供了价值标准和文化解释系统,比如,对于什么是幸福,什么是成功,什么是健康的标准,什么是美丽的女性,什么是友情,什么是孝心等,广告从各个层面给我们提供了相似的答案。

1. 情感

广告中的温情脉脉体现了人性中最美好的一种价值,然而这种价值也是最为脆弱的,人们同特别的、经济上无法表达的意义越来越迅速地擦肩而事物过……事物生活的核心和意义总是从我们手中滑落。广告中人与人内在的情感关系被金钱物质抽象的关系所取代,人的价值被物质化、客观化,所谓的情感亦为经济社会中可衡量和换算的筹码。

2. 理性

广告中也有一个类似传播学上的"沉默的螺旋"现象的存在。在广告与媒体的关系中,确实存在着这么一个螺旋,不管是否有效用,媒介只管广而告之;广告宣传频率越高,这个螺旋就越大。这个沉默的圈子是由厂商、广告公司、媒介、经销商乃至消费者共同构建的。广告中"沉默的螺旋"现象的存在使媒介的批判、监督功能减弱,麻醉娱乐功能被扩展和夸张到登峰造极的地步。在大众媒介和广告的轰炸面前,理性是什么?当电视机已经可以接收100个频道时,它同时在深刻有效地侵蚀着你的个人生命空间,当电视、国际互联网进入家庭的时候,已经没有所谓私人空间可供你藏匿了。在现代广告通过报纸、杂志、广播、电视、网络、办公楼、马路等新旧媒介狂轰滥炸的形势下,个人被迫去选择,去采取主动,同时进行慎重的考虑:买什么样的汽车,看什么电影和哪个频道的电视,采取哪

---

① 丹尼尔·贝尔:《资本主义文化矛盾》,赵一凡、蒲隆、任晓晋译,生活·读书·新知三联书店,1989年版,第165页。

种减肥疗法,理性即对消费的合理选择,消费即参与。

3. 个性

广告所营造的环境如同皮肤一样包围着我们,我们对这样的环境无法知晓和辨别,就可能会患上"恍惚""沉醉""梦游症"和进入"潜意识"状态等心理疾病。它导致人对现实生活的麻木,麦克卢汉用希腊神话水仙花神纳西西斯的故事作出警告:"年轻的纳西西斯误把自己在水中的倒影视为另一个人,透过镜子延伸,自己便会知觉恍惚,直到变成自己的化身……任何发明或科技,都是我们身躯的延伸……这样不断地接受我们每天使用的技术,如纳西西斯一样,我们恍恍惚惚知悉自己的影像。"我们很容易把这些客体,即我们的延伸奉若神明。所以,广告并非真的为自我个性的实现提供了充分的可能,而是恰恰相反,其大规模复制的传播方式决定了这种个性始终只是一种假想。大卫·奥格威也一针见血地指出:"绝大部分厂商不接受其品牌的形象有一定局限性的论断。他们希望其品牌对人人都适用。他们希望其品牌既适合男性,也适合女性,既能适合上流社会,也适合广大群众。结果他们的产品就什么个性也没有了。"[①]生产商的这种想法也或隐或显地体现在广告中,广告在某种意义上就是一种在标榜个性的同时,又彻底摧毁个性的运动。在一片追求时尚的风潮中,自我的个性不复存在,又以另一种方式重新回到千人一面的旧格局中。广告常说:"买下这个吧,这是成功人士专用的……""某明星特别推荐的养颜秘方……"大众在模仿别人时,却会感到自己是独一无二的。事实上,任何广告都是对品牌个性的长期投资,广告不是使之更大众化,而是使之中个性化的形象不断丰富和鲜明。

4. 梦想

法兰克福学派认为文化的基本功能便是"否定"和"对幸福的承诺",其中"对幸福的承诺"就是指文化应该让人看到一个有价值的世界,这个世界也许是乌托邦,但文化的功能便是描绘这种乌托邦以及它存在的无限可能。广告文化鲜明地体现了这一根本精神,它既不让人去理解,也不让人去学习,而是让人去希望,在此意义上,它是一种预言性的话语。广告在完成信息传达的过程中,又巧妙地激起人们内心深处所共同希望达到的一种理想状态和愿望。比如,"利郎商务男装"中的"运筹帷幄之中,决胜千里之外"就无形中传达了成功男人的标志,某商务汽车的"头顶天窗,超凡享受"也表达了相似的成功符号,这类广告传达出的象征意义和符号价值常常超过物质的使用价值,商品的附加价值才成为人们购买

---

① 大卫·奥格威:《一个广告人的自白》,林桦译,中国物价出版社,2003年版,第114页。

和消费的主要原因。"OPPO,我的音乐梦想",梦想的实现是以商品的获得和占有为前提的,包括"中国梦想秀"一类的娱乐节目,其隐喻的指向性也很明确,即以成名或成"星"为梦想,无一例外,今日大众的梦想都染上了广告的特性,即以展示为目的。广告还告诉你喝某种饮料,你的爱情就会幸福美满;吃某种饼干,你的事业就会一旺再旺……在广告中,这些商品似乎被赋予了神奇的力量,只要你选择了便无所不能,在这股"神奇的力量"的背后,是利益和欲望的驱动。

5. 文化

文化的崇高和权威性今日遭到了解构和嘲弄,而成为一种广告叫卖的手段。衡量文化的价值标准也不是从文化自身得出的,而是从商品的销售情况和利润中算出的,如"麦当劳""肯德基"等商业大亨,无不是以美国文化作为其攻城略地的秘密武器,而宝马、奔驰等汽车和高科技产品也无不是以德国文化作为其坚强后盾的。文化同时又是一种价值承诺,当代广告中不少作品既没有表现出对某种生存方式的解构,也没有对存在可能性的探索与构造。文化如同艳丽的广告女郎,仅仅作为一种手段存在,或异化于商品形式中。有很多广告通过品牌与历史产生联系,赋予产品以历史文化内涵,从而达到诉求的目的。如某响声丸广告回溯到三国时期张飞大战长坂坡的情形,张飞大喊一声:"我乃燕人张翼德也!"曹军纷纷胆寒,如潮水般退去。张飞哈哈大笑:"多亏了某某响声丸!"还有罗蒙西服的广告,以周润发、赵雅芝版的《上海滩》为背景,伴随着"浪奔浪流,万里滔滔……"的经典旋律,许文强身着西服的帅气形象被定格。

6. 公共道德

广告也是人类灵魂和精神的"心电图",很多企业将自己看作是普世价值和公共道德的代言人。通过广告,企业表达对美好爱情、亲情、友情的向往,对自由、平等、尊严、勇气、信心的追求。如贝纳通的服装广告"The Color of the World"诉求种族平等的观念,"De Beers"钻石"钻石恒久远,一颗永相传"诉求的是爱情的天长地久,诺基亚手机的"科技以人为本"诉求的是人本主义精神,李宁的"一切皆有可能"诉求的是不拘成规、勇往直前的拼搏精神……企业竭力让自己的产品广告勾住大众的视线,然而,这种暴力式的视觉轰炸,早已经使消费者厌倦。传播学中的两级传播理论最重要的一点,就在于一致意见在很大程度上是由舆论领袖决定的,而在广告高度发达的今天,很多消费者都是缺乏头脑的附和者,因而在大众传播席卷全球的今天,广告在很大程度上充当了舆论领袖的角色,制造了"天下一家"地球村落的新时代。

广告已成为现代人生活中不可缺少的东西,它向人们提供全球各地发生的各类讯息;提供娱乐、指导购物,甚至不知不觉地丰富和塑造着人们的日常生活观念。广告通过大规模的"造梦"运动不断地冲击着我们的日常生活,改变着我们生活的方式和节奏,同时也不断潜移默化地塑造着我们的观念和价值。对不少人而言,广告是了解世界的窗口,甚至就是生活和世界本身。例如,你不需要亲自去巴黎,但是通过迪奥香水广告,你就能感知巴黎的浪漫气息。电视教会了我们什么是现实,以及如何去看现实。广告通过一幅幅理想的新生活梦境的打造和描绘,吸引着更多的人去追逐、实现自己的梦想。英国学者罗曼·道格拉斯曾说:"通过广告,你可以发现一个国家的理想。"[①]如果我们把这句话缩小一点范围,我们可以说,通过广告,我们可以发现一个社会的文化属性和价值取向。人在潜意识中都希望自己受到尊重、关注,成为一个文明、现代、成功的人,如果你是一个成功者,一个时尚的、有品位的人,你就会跟上生活(广告)的节奏,否则,你就是一个失败者、落伍者,因此,从这个意义上说,如今的广告比人类历史上任何时期都更有权威性和影响力,它已不是我们社会的外在包装,"而是社会本身,它的独白,它的表情,它的形态,它的梦"[②]。广告构成我们时代最鲜活的文化解释。

广告允许受众对接收到的信息进行随意的解读,即受众在这个过程中似乎是自由的。广告是一种图象和符码生产系统,编了码的信息一经传送,编码者对其就失去了控制权。根据索绪尔的观点,符码和它指代的东西是随意的,罗兰·巴特尔也认为一个符号的意义有外延(意义的常识层面 denotation)和内涵(言外之意 connotation)两个层面。因此,斯图加特·霍尔提出,仅仅停留在信息内在的语言符号的层面,受众对信息的解读可能是多义的,甚至可能因为字面的原因而误读。事实是否真的如此呢?的确,在现实的广告中,确实有很多暧昧和引起歧义的广告,它们为我们的想象提供了一个广阔的空间。虽然广告大多携有商业霸权的基因,有意识形态控制的意图,但受众对信息的解读也可能使其暂时摆脱信息的"霸权"和意识的控制而享有一定程度的自由。尽管消费者是广告符号意义的诠释者,但正如鲍德里亚所言,消费商品的符号意义是先行的,广告预先所编织的万花筒般的意义网络,无疑搭起了商品符号的全部认知结构。消费者的诠释逃离不了这张网,消费主体是被动的、软弱的。乔治·吉尔德认为,不管是提供了 500 个频道还是 1000 个频道,电视都与一个没有频道的世界无

[①] 威廉·阿伦斯:《当代广告学》,丁俊杰、程坪译,华夏出版社,2001年版,前言。
[②] 王晓、付平:《欲望花窗——当代中国广告透视》,中央编译出版社,2004年版,第11页。

缘。在那个世界里,当你想要什么的时候,你就可以准确预订到什么,每一个终端都掌握着如今每一个广播台拥有的传播权力。

广告反映出来的意识形态在此具有了一种奇特的功效,它传达给人们的,不是如何去制定和遵守规则,而是如何去超越它。如一些号称皇帝曾用过的产品的广告,一些明星开豪华车冲过红灯耍酷的广告等,它们不是让我们树立一种遵守公共领域的规则就能解决问题的信念,而是推崇特权和对现行秩序的破坏。它们无形中告诉我们:只要我有权力,我就可以这样干,就可以享受这样的"自由",就可以为所欲为。部分广告试图通过挑战现行的社会习俗和规则来彰显个性,迎合青年人的特立独行、不走寻常路的追求,然而这种挑战必须建立在公众良知和共同价值观的基础上。正如霍尔所言,解码者具有一定的主动性,可以多元地解读广告传递的信息和信息外的深层含意。广告的意义既有一定的开放性,又要受到一定的限制,随意虽然有"误读"和"短暂的自由",但它依然受到社会的宽容度和特定文化的丰富程度的限制。霍尔认为:"符码间的内涵并不是相同的。任何有着不同程度封闭性的社会文化都趋于将其社会的、文化的和政治的世界分类。这些构成了一个主导文化秩序……社会生活的不同领域似乎都被指定进了话语的版图,按等级组织进入主导意义或偏好意义。"现代广告创意必须在自由创造和社会规则之间找到一个适当的平衡,既让人耳目一新,又不越位、出轨。

第三节　现代性的扩散

麦克卢汉提醒人们,每一次感官比例的变化调整给人们带来的不仅是生理的变化,更重要的是对心理的影响。视觉、听觉等感官比例的变化延伸了不同的空间,塑造着我们感知世界的方法和能力以及思想的模式,所以,"人体的任何一部分延伸,无论是手、脚,还是皮肤的延伸都会影响到整个心灵和社会"。感官平衡的变化对人类文化的形成也会带来巨大的影响,因为文化便是"一种感官爱好的秩序",广告同时具有"敞开"(呈现)和"遮蔽"(误导)的二重性,广告不断制造各种"热点"和"时尚",使其成为当代价值的命名者。

首先,广告通过庞大的符号再生产活动,影响着人类生活的各个层面。波德里亚认为,商品除了具有使用价值和交换价值之外,还有第三种价值,那就是符号价值。卡尔韦也指出,我们生活在一个充满符号的世界里,"社会可以通过它发送的符号来说明自身,以前人们几乎不会破译这些符号,因为他们带着能指的面具,隐藏在文字的后面,隐藏在'自然'的假象、伪善、服装或喜剧中"。符号价值使商品成为某种特定的文化和生活方式的象征。从符号学的角度看,广告最常见的修辞和叙事技巧就是意义的嫁接,也就是把一个产品(能指)和并不具有必然联系的意义(所指)"嫁接"到该产品上。这样,受广告影响的大众消费不仅是广告所宣扬的产品的功能,还有附加的符号价值。麦克卢汉曾说:"在照片时代,语言带有图象或图画的特性,它的'意思'很少归属于语义的世界,也不属于字母的圈子。"而海德格尔所说的"世界图像"的兴起,也并非是说一幅关于世界的图像,而是指世界被构想和把握为图像了。如今大量的符号化广告,通过特殊的拼贴、剪接、挪用、切换技巧和创意,广告被表现为纯视觉的传达,注重信息的图像化、意义的抽象性、不确定性来激发人们的注意力和心理欲望。商品一旦进入生产和消费的社会程序中,除了满足物质上的欲求外,它总是会传递比这一点更多的意义——一个商品可以被视为是它的"功能"和"剩余物"的结合。商品通过媒体与陈列的广告进行宣传,进行影像生产的商业中心通过影像来激发人们的欲望。消费社会广告成为一种新的图腾形式,以广告形式融合在商品上的符号价值是被抽取所指的能指价值,这是符号能指的"漂浮",符号的膨胀。处在这样的文化语境中,广告的内涵也和过去发生了一些变化——广告的内容,不再是一种语义信息,而转变为一种符号信息。

广告的生产过程具有一种自足性,它甚至可以摆脱实物而具备意义,因而,广告的生产本质上是一种符号的生产。如果说后现代社会中的符号消费开始获得了与实物消费同等的意义,那么广告即是例证。广告将信息视觉化成符号进行传播,这主要是通过物的编码的方式来实现的,它通过生产体制所有层次的组织——通过广告、商标、价格、购买场景、功能化个性化设计等,商品会被建构进一个标示权力、地位、等级等社会关系内涵的符号系统之中,又通过广告及无所不在的消费意识形态动员,受众会被全部转换到这种符号编码之中去。对此,巴特提出从广告等文化再现系统去重新认识物品,"形式/实体的区分是符号学的特殊用法,它帮助我们把所处理系统实体的实用目的转移到一种符号系统中"。海姆也认为,"虚拟现实的全部使命就是为了改变和重塑我们的现实意识——这些便是杰出的艺术作品所尝试表达的东西,也是隐藏在'虚拟现实'旗号背后的东西"。广告的影像以及以直接的、独特的方式产生广泛的身体刺激与审美快感的消费场所,能在大众中尽显其能事,某种标明社会阶层的身份差异性和认同感制造着消费,更高层次的精神快感和审美激发着消费,最终的消费只是弥漫着符号的味道,人们无止境的欲望驱使着消费需求变为符号无止境的组合。现在的所谓品牌形象,就是这种符号价值的最好体现。如万宝路香烟总是和美国西部的风光、马背上的牛仔联系在一起,这使得它区别于其他的同类产品,品牌的出现或商品精神性的附加内容是随着商品竞争的加剧而产生的。

很多广告创意将着力点放在将消费品的消费行为与消费者的社会身份建立起直接或间接的联系,消费行为成为获得身份的商品符码体系和符号信仰的过程。这种编码组织的力量是如此之强大,以至于没有人能逃开它,"我们个人的逃跑无法取消这样一个事实——每一天我们都参与了它的集体庆典……甚至支持这个编码的行动贯彻到了它与那个要求它与之相适应的社会联系的自身之中"[1]。因而,广告的符号化还是一个社会总体性的编码过程,这使它不仅编码了消费社会所有的物,而且编码了与物相联系的所有的人。人的内在性和主体性,包括人和自身的关系,都已被这种编码的力量所分解并转换到符号系统之中去,"主体的一切,他的身体和欲望,在需求中被分离和催化,并被物品或多或少地加以先在地限定。在需求中,所有的本能都被合理化、终极化和客观化了——因此,被象征性地取消了"[2]。通过这样的分解和转化,人自身成了消费品,他和他自身的关系——他的本能、欲望、需要和激情——成了一种购买和消费的关系。因此,"在商品和交换价值中,人不是他自己,而是交换价值和商品"。广告的种种表象和诉求,总是在传达和复制某种文化思想和哲学理念。当人们消费产品时,他们不光是使用对象,用萨特的话说,他们同时也买进了一个观念,而且对这个观念进行了奇怪的处理。如"今年过节不收礼,收礼只收脑白金"等广告,正在通过刺激消费欲望和诱导习俗风尚悄悄发动一场价值观念的革命。在广告中,展现的可能正是其作为"剩余物"的符号意义,物品的功能性则隐身幕后。

后工业化社会的广告的生产和消费方式,已经制造出一种新的感性消费形式,人们不得不在这种新形式中形成"新的习性",于是在全球化语境中,新的电子群体或电脑空间群体的发展,新的人类存在感和电脑时空感,成为大众传媒时代对当代人塑型的必然结果,"与抽象一个完美的手或表现理想的完美的手的广告截然不同,依赖于超能指的'现实主义'广告创意强调行为的意义而非现实,以此寻求存在的质感。而作为商品镜像的传统广告要求我们打破对商品抽象的自我理想,其依赖于明显非中介的超能指的创意不是'宣称'让我们的存在保持中立,而是'仅仅建议'用你自己的标准将商品符号整合到你自己的真实之中。广

---

[1] Jean Baudrillard, *Jean Baudrillard: Selected Writings*. Mark Poster(ed), (Stanford, CA: Stanford University Press, 2001), p. 22.

[2] 罗钢、王中忱:《文化读本》,中国社会科学出版社,2003年版,第32页。

告的这种选择偷走了你的自我,并且使其进入到了一种新的完善形式中"①。与其他视觉文化相比,广告的泛符号化形象特别突出。鲍德里亚对广告以及符号意义的泛滥持一种悲观色彩的批判态度,在他看来,符号本身还具有意义,蕴含着某种潜在的反抗因素和力量,要抵制消费的平面化、肤浅化和人性的物化,关键是应在生活风格、话语、身体、性、人际交往等微观方面进行革命。这种通过无意义、无时空的图像和代码来愉悦感官的方式,绝不可能让那些真正象征性或说教性的过程发挥作用,因为那将损害这一仪式意义所在的集体参与——这种参与只有通过一种礼拜仪式,一套被精心抽空了意义内容的符号形式编码才能得以实现。这一功能便是,表达阶级的社会预期和愿望以及对具有高等阶级形式、风尚和符号的某种文化的虚幻参与,这是一种导致了物品亚文化的文化适应美学。

其次,广告创造了一种新的语言系统,通过对这种语言的重复和强化,达到商品促销和重塑观念的目的。"语言是人性最根本的方面,是人区别于动物的标志。这股思潮导致人们普遍对表达媒介发生兴趣。艺术家开始以艺术媒介本身作为创作题材。例如,作曲家和画家用作品显示音乐和绘画的技巧,大量诗作都传达出诗如何难写。语言哲学正代表着对表达媒介的最深层的反思,以作为对人性的语言的最深刻的开掘。"②麦克卢汉也认为新媒介不仅是机械性的小玩意,为我们创造了幻觉世界,它们还是新的语言,具有崭新而独特的表现力量。广告构造了富有象征意义的话语系统,某些文化价值观得到广泛传播和认同,而其他的则被排挤甚至消失。罗兰·巴特、鲍德里亚认为:"这种言语是一个讯息,因此绝不限于口头语言。它可以由文字或表象所构成,不仅写出来的有话语,而且还有照片、电影、报告、运动、表演和广告,所有这些都可以作为神话言语的载体。"③这套话语系统的中心,只有一个"神",那就是广告。广告通过信息有条不紊地承接,强制性地造成了历史与社会新闻、事件与演出、消息与广告在符号层次上的等同,而这一切都是悄悄进行的。罗兰·巴特对化妆品广告做了精彩的分析,"深层的观念很普遍,没有任何广告少得了它。但是关于这深层之内能够渗透变化的滋养实体,则一概不清;仅仅指明为原则(活化、促进、滋养)或精华

---

① 罗兰·巴特、鲍德里亚:《形象的修辞——广告与当代社会理论》,吴琼、杜予译,中国人民大学出版社,2005年版,第132页。
② 周昌忠:《西方现代语言哲学》,上海人民出版社,1992年版,第2页。
③ 罗兰·巴特、鲍德里亚:《形象的修辞——广告与当代社会理论》,吴琼、杜予译,中国人民大学出版社,2005年版,第2页。

（生机、复苏、再生），完全是莫里哀式的词汇，勉强展露一点科学的味道以显得复杂。不，这些广告的小小心理分析，其真正的戏剧，是互相为敌的两种滋养体间的冲突，两者敏捷地竞相以'精华'和'原则'朝深层的领域追索前进。这两种滋养体就是水分和脂肪"①。广告所创造的这套话语系统像一只无形的手在左右、操控着人们的思维习惯和思考方式，在符号化的社会里，广告符号所代表的意义价值也许远比商品本身所具有的物质特性重要得多。

广告有时看起来是直接刺激人的物质欲望，但最终影响的却是人的精神观念和心理需求，这种更深层的影响使得消费主义像传染病一样到处蔓延，跟风、攀比、追求时尚、迎合潮流，"如果想要使广告形象起作用，就必须在消费者那里存在着欲望，同时，广告形象必须与这个欲望相吻合。但广告又不能只是对直接的欲望说话……广告必须作用于更深一层的欲望，甚至是无意识的需要，有些还和性欲有关"②。人们通过消费行为，获得的是心理欲望和精神需求的双重满足。"秀发如丝般柔顺……""超凡享受，品质一流""没有最好，只有更好"之类的广告词在许多广告中被大同小异地重复使用，在模式化的语言背后，所指与能指的分裂同样呈现于广告作品，"广告构造了一种新的语言，一套新的意义组合，每个人都在讲说这种语言，或者更准确地说，这种语言讲说着每一个人"③。广告创造了一个又一个绚丽的梦境，却又如同魔镜一般，告诉你什么是对，什么是错，什么是美，什么是丑，塑造着我们的生活观念和人生价值。在消费文化中，女性喜欢逛街逛商场的心理根源就是包含有通过观望橱窗里的商品来缓解自己得不到满足的欲望的暗示。拉康认为，广告正是人们无法返回的原始完整状态的一种代偿机制，广告以其中性的姿态，毫无顾忌地消解着自身以外的所有意识形态。从这一方面说，广告起到了化解人们因分离、匮乏所引起的焦虑和紧张情绪。广告一次次的吸引你，勾起你的消费欲望，使你认同和购买它所宣扬的产品，并获得相应的消费体验。消费商品是富有审美情趣的物品，是人们日常生活焦虑等的补偿。但同时马尔库塞又提出这样的疑问："人们当真能对作为新闻和娱乐工具和作为灌输和操纵力量的大众传播媒介做出区分吗？"广告可以使大众获得精神和情感上的满足，使消费者喜新厌旧，一次次地否定自己，一次次地品尝新的匮乏感，而广告又及时推出新的欲望对象，温情地等待着再次抚平大众心

---

① 罗兰·巴特：《神话——大众文化诠释》，许蔷薇、许绮玲译，上海人民出版社，1999年版，第79-80页。
② 弗·杰姆逊：《后现代主义与文化理论》，唐小兵译，陕西师范大学出版社，1986年版，第202页。
③ Mark Poster, *The Mode of Information, Poststructuralism and Social Context*, (Cambridge: Polity Press, 1996), p.58.

中的匮乏感和焦虑,这种循环构成了商业社会的文化逻辑。广告的所谓满足,创造的所谓"自由",实际上就是在不断制造"不满足",自由地享受导致的必然是真正自由的退化,尽管广告在一定程度上具有这种艺术般的"解毒"功用,但它很难给人真正的满足和宁静。

莱斯理·斯克莱尔在《文化帝国主义与第三世界的消费主义文化意识形态》中说:"广告,这种消费主义的文化意识形态传播的主要渠道,常常将自己装扮成教育的,至少是提供信息的正面行为。"事实上,广告本身就具备了商品的一切品质,沦落为消费帝国攻城略地的武器。广告之中,种种精美的商品周围还附有一张社会环境、生活观念或者特定的文化价值组成的网络。异国风情的沙滩,蔚蓝色的大海,高楼林立的都市,这一切都被无声地诠释为现代社会的基本图景。这些广告的魅力不仅源于某种现实的匮乏,同时还源于独特的历史记忆——这些记忆之中混杂了后发现代化国家对发达国家的羡慕、模仿和幻想。这些图景作为一种无形的语言,成功地成为后殖民文化的标本的先锋。阿尔都塞认为,意识形态从外部构筑了我们的"本质"自我,因此我们的"本质"自我不过是一种虚构,占据它的位置的所谓"主体性"并不像过去所说的主体那样是一个统一的、个性化和独立自持的,而是依附的、分裂的、大众化的自我。整合人成为分裂的人,对文化的肢解和对现实的疏远造成的后果必然导致价值的混淆和自身身份的迷失。麦克卢汉发现,一个部落人可以学习拼音而把自己从部落的网络中抽出来,而在这个部落人学会使用拼音文字后,他对世界的抽象思维把握发生改变,他深厚的集体情感多半会被切断,个人与社会环境的关系也会被切断,他的想象力、情感和感知生活的世界也要发生相应的分离。

第三章

广告美学的商业属性

普特南的"缸中之脑"的故事向我们揭示了一个虚拟时代的到来,在物质/真实转化成为影像/虚拟,虚拟技术已经开始应用于广告、电影、交流、购物等生活的各个层面,在可以预见的将来,虚拟技术将更大规模进入日常生活的今天,我们似乎不得不将这个荒诞的故事视为启示和预言。在这个消费和商品主宰一切的时代,广告通过现代传媒技术这种高效而直接的介质铺天盖地、无孔不入地进入、影响、操纵着我们的生活,它以一个幻象的虚拟世界诱惑,或者取代了我们对真实世界的感知,从而给予人们在现实中无法获得的抚慰和补偿。广告美学的商业属性主要体现在以下三节的内容中。

第一节 诉诸感官的快餐文化

曾几何时,感性在理性的压迫下,变成一种最低级的心灵能力,感性的东西不可靠,感性所把握的东西总是和真理相去甚远,因而"保证身体需要的那一类事物是不如保证灵魂需要的那一类事物真实和实在的"①。然而,现代心理学研究表明,人所获得的信息80%是通过身体和视觉来把握的。广告文化鲜明地把感性和人的生存尊严联系起来,不仅把感性看作是人的本能,同时也是人类理性的基础,它将人从人为的语言重压下解放出来,矫正了语言对人的异化,使人的审美潜能被大大激发出来。事实上,对感性的解放是一条通往人的自由发展之路,是使人成为健全的完整的人的必由之路。

丹尼尔·贝尔说:"当代文化正在变成一种视觉文化,而不是印刷文化,这是千真万确的事实。"②麦克卢汉也提醒人们,每一次感官比例的变化调整给人们带来的不仅是生理的变化,更重要的是对心理的影响。视觉、听觉等感官比例的变化延伸了不同的空间,塑造着我们感知世界的方法和能力以及思想的模式,图像时代的来临释放了沉沦在理性陷阱中的感性,使审美不再是理性的附庸,而变得生动和充满活力,这个转变就是舒斯特曼所谓的"后现代转向实际上就是审美转向"③,也就是整个社会由以科技为主导的物质现代化转向由艺术为主导的审美化的转变。可见,丹尼尔·贝尔相当敏锐地抓住了当代社会文化的一个倾向,那就是视觉文化时代的到来,当代生活非常强调视觉成分在生活中的影响,它包

---

① 柏拉图:《理想国》,郭斌和、张竹明译,商务印书馆,1996年版,第375页。
② 丹尼尔·贝尔:《资本主义文化矛盾》,赵一凡、蒲隆、任晓晋译,生活·读书·新知三联书店,1989年版,第156页。
③ Richard Shusterman. *Practicing philosophy: pragmatism and the philosophical life*, (New York and London: Routledge, 1997), p. 114.

括渴望行动、追求新奇、贪图轰动①。而广告,无疑是视觉文化现象中最引人注目,最值得我们深入思考的文化景观。

过去二百年,广告早已获得了强大的图像意义,广告所产生的象征意义不单单是静态的:在一个个商业广告中,文字与图片有机地结合起来,使这些绚烂夺目又有教育意义的动人故事激发出人的无穷幻想。用杰克逊·李尔斯的话说,广告,"已成为最具有火力、最刺激感官的文化价值观的代表"②。在教给我们一种新的视觉规则的过程中,广告改变并扩展了我们对于什么东西值得一看以及我们有权注意什么的观念。按照阿格妮丝·赫勒的理解,日常生活是个体的生活实践,"我们可以把'日常生活'界定为那些同时使社会再生产和成为可能的个体再生产要素的集合"③。由于日常生活代表着个体生存的真实状态,是体现个体生活质量的重要标志,因而,日常生活世界是个体生存的最重要根基和寓所,是文化的真正出发点和归宿。而建立一种完整而富有审美意义的日常生活世界,既有利于个体的生存和成长,也是消费时代的审美应追求和尽可能实现的重要目标。舒斯特曼说:"这种哲学的目的不在于制造符合逻辑的句子,不在于构造有关世界真相的知识体系,而在于帮助人们解决生活中的困惑,过上幸福生活,最终将自身做成一件艺术品。"④消费时代的广告所关注的内容正是日常生活中人的感性存在问题。尤其重要的是,广告给我们提供了一种观看的标准,"一个显而易见的事实是,大众文化已同商业紧密地结合在一起,文化产品的生产和接受为价值规律所统摄,被纳入到市场交换的轨道,具有了共同的商品形式的特性"⑤。广告通过无处不在的覆盖性,把许多本身非视觉性的东西视觉化,英国艺术评论家伯格认为,广告在现代社会已经建立起了一个无处不在的视觉符号系统⑥,电子广告,尤其是网络和信息技术的视听性和互动性,使历史、传统通过声音和影像得以记录和再现,形成了人类体外化的声音和影像信息系统,更为多样化和直观地呈现历史和文化,这大大降低了印刷媒介文字符号对大众文化知识的要求,使传播内容更丰富,感觉更直观,参与更便捷。广告的娱乐性、视

---

① 丹尼尔·贝尔:《资本主义文化矛盾》,赵一凡蒲隆、任晓晋译,生活·读书·新知三联书店,1989年版,第154页。
② 杰克逊·李尔斯:《丰裕的寓言——美国广告文化史》,任海龙译,上海人民出版社,2005年版,第1页。
③ 阿格妮丝·赫勒:《日常生活》,重庆出版社,1990年版,第3页。
④ 彭锋:《舒斯特曼与实用主义美学》,《哲学动态》,2003年第4期,第32页。
⑤ 潘知常、林玮:《大众传媒与大众文化》,上海人民出版社,2002年版,第78-79页。
⑥ John Berger, *Ways of Seeing*, (NewYork:Pengium,1972),p.4.

觉性、短暂性、商品性的特点改变了传统传播形态的局限性,使很多遮蔽的东西释放,呈现为大众化、视觉化、感官化的特征,"眼球经济"正是这种转向的形象写照。

在广告中,人的愿望、价值、理想都被以一种物质化、视觉化的方式呈现了出来,结果就造成了在审美与传媒的合谋下,图像被大量地制造、复制、传播、浏览,当代社会文化完成了向视觉的转向。"通过媒体与陈列的广告宣传以及日常生活中的城市建筑景观与表现,进行影像生产的商业中心就必然通过影像来经常地再生产人们的欲望。因此,绝不能把消费社会仅仅看作是占主导地位的物欲主义的释放,因为它使人们面对无数梦幻般的、向人们叙说着欲望的、使现实审美幻觉化和非现实化的影像"[1]。这就导致了"视觉"开始取代"大脑",感官愉悦开始取代理性判断,由此以来,图像时代审美文化呈现出体验感官化、审美平面化以及世界幻境化的特征,"创造了后现代的,正是文化的视觉危机,而不是其文本性。印刷文化当然不会消亡,但是对于视觉及其效果的迷恋(它已成为现代主义的标记)却孕育了一种后现代文化,越是视觉的文化,就越是后现代的"[2]。在大众传播时代,广告通过对历史的解构、背景的置换、物质的符号化和社会关系的虚拟化建构,从而成为后工业化社会的真正主宰。

广告像空气一样渗透到社会的每一个角落。一方面,社会公众的生活离不开广告,因为在供应与需求的世界里,公众通过广告获取商品或者服务的信息,但面对逐渐被广告包围和侵犯的时代,公众能对无处不在的广告逐渐形成主动屏蔽和忽视。威尔逊说:"在媒介时代,我们从视觉形象中接受的刺激越是丰富,越是强烈,我们对这些视觉形象的感知越是麻木和无动于衷。"[3]对社会公众而言,不可避免地会出现广告信息疲劳综合征。威廉·伯恩巴克认为,广告最重要的东西就是要独创性和新奇性,大量的广告(85%)没有人看,这绝对是广告人的失败。另一方面,随着网络、第三方媒介与市场调查公司的兴起,为广告创制提供便利的同时,也滋生着广告人的懒惰。广告钝化现象不可避免地发生,并将成为未来广告发展的瓶颈,成为广告业界最关心的话题。

一个令人难以接受的事实也许是,很多经典广告所带来的直接影响,可能比不上那些单调乏味、让人厌烦的广告。网络广告过分强调赏心悦目的原则,可能正给广告创意雪上加霜。什克洛夫斯基在《作为手法的艺术》中指出:"那种被称

---

[1] 迈克·费瑟斯通:《消费文化与后现代主义》,刘精明译,译林出版社,2000年版,第98页。
[2] 尼古拉斯·米尔佐夫:《视觉文化导论》,倪伟译,凤凰出版传媒集团,2006年版,第3页。
[3] 周宪:《视觉文化与现代性》,载《文化研究》第一辑,天津社会科学出版社,2000年版,第146页。

为艺术的东西的存在,正是为了唤起人对生活的感受,使人感受到事物,使石头,更称其为石头。艺术的目的是使你对事物的感受如同你所见的视象那样,而不是如同你所认知的那样;艺术的手法是事物的'反常化'手法,是复杂化形式的手法,它增加了感受的难度和时延。"① 因为感觉过程本身就是审美的过程,艺术是体验对象的艺术构成的一种方式,而对象本身并不重要。在什克洛夫斯基看来,"陌生化"是艺术加工和处理的必不可少的方法,将本来熟悉的对象变得陌生起来,使读者在欣赏过程中感受到艺术的新颖别致,这就是什克洛夫斯基所要说明的:艺术的基本功能是对日常生活的感觉方式支持的习惯化过程起反作用,目的就是要颠倒习惯化的过程,使我们对熟悉的东西"陌生化",这一原则其实也同样适用于广告的创作。要实现广告传递给人的原创性和本身的独特性,产生"突破观念漠视"的震撼力,就必须采用"陌生化"的手法,摒弃传统、惯性的思维方法,突出广告的原创性和异质性。"陌生化"创作原则为广告创意提供了新的方法和路径。但真正把广告塑造成艺术创造、欣赏和享受的过程,对创制者而言是一项富有挑战性的使命。广告创意者只有从传统广告狭隘的思维中走出来,把广告放在特定的文化内涵中审查和剖析,并对特定的社会文化背景和文化机制进行审视和认识,才能触发创意者的新思维。创新是各个要素的重新结合,创新不是模仿,需要作艰苦细致的工作,更需要广告创制人的文化素养的支撑,需要广告人之间相互协作的精神,需要有"工匠精神"般的精益求精的设计标准,更需要在残酷、激烈的市场竞争中不断学习。丰富的市场阅历、丰厚的生活体验加上心灵上的激情,并在广告创意中适当地运用"陌生化"原则,通过作品创造并分享创意者想要通过商品传达出来的情感、价值和理想。

　　国内的文化学者在谈到广告等"文化工业"时,时常不自觉地引用法兰克福学派的批评理论,对广告的仿真、超现实等特征进行批判,但对法兰克福学派的整体思想及其产生的文化语境缺乏系统的了解,以至于出现了不少偏差和误读。法兰克福学派的理论宗旨并非批判大众文化以及广告,其矛头所向,乃是现代形态的极权主义文化控制和意识形态,剖析和批判极权主义,呼唤个体的解放,始终是法兰克福学派的目标。但它并非放之四海而皆准的真理,不加改造地把它搬来分析中国当代的广告文化,必然会忽略中国当代广告文化的特殊性,从而走向了由于语境抽离而导致的抽象化、空洞化。中国的广告审美理论是随着市场经济的发展而产生的,它所要批判的对象是人性的批判和理性的重建,"客观地

---

① 什克洛夫斯基:《俄国形式主义文论选》,方珊译,生活・读书・新知三联书店,1992年版,第6页。

说,严格意义上的批判理论是现代社会的伴随物,在一个幅员辽阔的东方国家,批判理论不但是一个奢侈品,而且根本没有自己的对象。于是,当现代化在20世纪末真正成为中国社会的主题时,批判理论才终于成为中国社会的内在需要"[1]。批判不是知识精英对现代世界怀旧的、禁欲式的拒绝,而是汹涌澎湃的现代化运动本身激活的精神反应和思想姿态,它正视现代性整体结构中工具理性和功能主义越位纵恣的现实,确认现代性的未完成性,改写并扩充现代主义及先锋艺术的否定精神以推进现代性的自我校正,反省现代性才是真正的现代思想。当代中国的广告审美理论一方面对广告及大众消费文化解放我们的感性、思想等方面的贡献予以肯定,另一方面又须警惕、反思由此而引发的感性泛滥、物欲横流、真假莫辨的认知迷误。

第二节 走向审美的消费文化

消费时代的审美转向了日常生活领域,这是当代美学发展的"文化逻辑"。在当代中国社会,随着物质生活质量的提高,审美不断成为个体的基本生活方式,它还将演变为日常生活的意识形态。古典美学家往往把艺术、审美和日常生活相隔离、对立,而在今天,审美活动已经走出了纯艺术的范围,渗透到了日常生活的方方面面,占据着大众日常文化、日常生活中心的不再是小说、诗歌、戏剧、绘画、雕刻等经典艺术了,而是新兴的泛审美文化,如广告、流行歌曲、时装、景观设计、公共环境规划等。艺术曾被看作是对社会现实的模仿,然而,我们今天的社会本身就是一个巨大的艺术作品,艺术与现实之间的边界模糊了,正是在此意义上,日常生活的审美化成为可能。"日常生活审美化"来自两个方面的合力:一方面是激进的艺术家的努力,由此把艺术推向了日常生活;另一方面则是来自社会公众,他们逐渐改变着自己的审美观念,把越来越多的不属于艺术的日常事物看作是艺术品。后现代意义上的"日常生活审美化"把唯美主义推向广泛、平庸的日常生活,以泛化"美"的消费文化替代审美,这铸就了审美文化与消费文化之间的天然联系,也是后现代"日常生活审美化"区别于前现代和现代社会的某些类似的审美化之所在。麦克卢汉提出,现代性最大的特点就是时间和空间永不停息地信息重置。曾几何时,我们的生活还在受自然信息的支配,然而到了电子时代,全球居民都包围在传播的物质和无止境的符号形式中,媒介信息可以"持

---

[1] 单世联:《法兰克福学派史·中译本序言》,载马丁·杰伊《法兰克福学派史》,广东人民出版社,1996年版,第5页。

续不断地冲刷到我们身上,让我们有意识地习惯了与广告交流、接触"。清晨的小道上,晨练的人一边慢跑一边听着广播里的保健品广告;公交车上、地铁里,随处可见增强记忆或治疗痔疮的广告;即使是看电视电影,某些汽车或手机、电脑的品牌也有意无意地在大屏幕上掠过……在瞬息万变的现代生活中,广告表现着日常生活的万千风情,广告是消费时代的主角,也是我们日常生活中随处可见、形影不离的文化"皮肤"。

从传统艺术欣赏的层面看,受众希望从广告中体味到欣赏艺术作品或影视作品时的那种韵味和魅力,这也就是一种对形式美的期待。除了少数制作粗劣、庸俗的叫卖型广告外,现代广告大多非常重视广告自身的艺术"美感",也就是广告自身的可观赏性和艺术品位。这种可观赏性和艺术品位往往是通过广告设计的表现形式得以呈现的,无论是制作精美的 POP 招贴、生动感人的广告短片,还是古典雅致的产品包装、精彩绝伦的平面设计,这些广告的艺术意味无一不是以审美作为指归的。英国艺术家克莱夫·贝尔说:"艺术品中必定存在着某种特性,离开它,艺术品就不能作为艺术品存在;有了它,任何作品至少不会一点价值都没有。这是一种什么性质呢?什么性质存在于一切能唤起我们审美感情的客体之中呢?什么性质是卡尔特会修道院的窗子、墨西哥的雕塑、中国的瓷器、波斯的地毯、乔托的壁画,以及佛朗切斯卡和塞尚的作品中所共有的性质呢?看来,可做解释的答案只有一个,那就是'有意味的形式'。在各种不同的作品中,线条、色彩以某种特殊方式组成某种形式或形式间的关系,激起我们的审美感情。这种线、色的关系和组合,这些审美的感人的形式,我称之为'有意味的形式'。'有意味的形式'就是一切视觉艺术的共同性质。"[①]创造出"有意味的形式"可以是艺术作品和广告作品共同的目标之一,一个无人问津的商品,只要同审美产生了联系,立刻奇货可居,成为抢手货,这就导致艺术作品和商品之间的界限越来越模糊了。阿多诺指出,广告制作和艺术品制作已经没有明显区别,艺术品是为满足市场纷繁复杂的要求而创作的……艺术品是按照工业生产的目的,由工业生产所控制,符合工业生产的一类商品,是可以进行买卖的,是具有效益的。"商品化"渗透到广告制作的每个角落,以审美和制造美的幻象作为营销和广告手段已经屡见不鲜了。美学已经成为一种自足的社会指导价值,倘若广告成功地将某种产品同消费者"附庸风雅"的审美联系起来,那么这种产品就有销路,不管其真正的质量如何,消费者实际上得到的不是商品,而是通过商品购

[①] 克莱夫·贝尔:《艺术》,马钟元、周金环译,中国文联出版社,1984年版,第67页。

买到广告所宣扬的生活方式和审美幻象。而且,由于生活方式在今天为审美伪装所主宰,因此美学事实上就不再仅仅只是载体,而成为本质所在。沃尔夫冈·韦尔施说:"我们的世界实在是被过分审美化了,美的艺术过剩,所以它不应当继续染指公共空间。相反,在当代社会新的公共空间中,艺术应当是对全球审美化的中断,应给人以震惊,使我们被花花哨哨的美刺激得麻木不仁的神经能够重新振作起来。"①这里的公共空间,是否应该包含在哈贝马斯所言的公共领域范围之内?哈贝马斯认为,"公共领域说到底就是公众舆论领域"②,广告倾诉的对象从来不是个人,而是群体,是大众。因此,它可以说是公众舆论的一部分,既是其发动者,又是其终结者。

然而,广告根本上又不是艺术,它们的区别显而易见。首先,从本质上看,艺术是人类生命精神的伟大创造,艺术家的主体性原则在其中起着重要的作用,"一件艺术品本质上是内心世界的外化,是激情支配下的创造,是诗人感受、思想、情感的共同体现"③。艺术具有一种不可复制、独立自主的特征,因而艺术和人的生命的神秘性、独特性有奇妙的共通,它是艺术家个人情感的流露、心灵的意象化,是人类精神的伟大的自我呈现方式。艺术中所呈现的真实,也不是日常生活的现实,正如科兹洛夫在《立体主义与未来主义》一书中所指出的,"这并不是一种你可以把它抓在手里的现实性,它更像是香水——在你前后、两边。香气到处弥漫,但你却不知道它来自何方"。因而,艺术的创造活动是一种无关功利和实用价值的,只提供精神关照的形式创造活动,"质问艺术有什么用是'野蛮'行经,因为这样问,就等于质疑艺术的无功利性或艺术的距离"④。广告则是以大量复制和广泛传播为特征的,广告的真实则是生活真实的"化妆"或美化。鲍德里亚以"仿真"来指称广告的这一特性,仿真是对人们在现实中与物质现象接触的第一手感知和幻想的模拟,让人们在缺席的场景下也能获得亲临其境的感官享受和神经刺激,"真实本身也在超真实中沉默了。复制广告巨细无遗的临摹,真实在从媒介到媒介的过程中被挥发了,成了一种死亡寓言,真实成了为真实而真实的真实(就像为了欲望而欲望的欲望),膜拜逝去的客体,但这客体已经不是再现的客体,而是狂喜的否定和对自己仪式的消除:成了超真实"⑤。广告

---

① 沃尔夫冈·韦尔施:《重构美学》,陆扬、张岩冰译,上海译文出版社,2002年版,第3页。
② 哈贝马斯:《公共领域的结构转型》,曹卫东译,学林出版社,1999年版,第35页。
③ 周宪:《中国当代审美文化研究》,北京大学出版社,1997年版,第104页。
④ 约翰·费斯克:《理解大众文化》,王晓珏、宋伟杰译,中央编译出版社,2001年版,第165页。
⑤ 王民安、陈永国、马海良:《后现代性的哲学话语:从福科到赛义德》,浙江人民出版社,2000年版,第325页。

通过技术处理手段,商品被以理想化的形式和近乎梦幻的效果呈现出来,并通过现代传媒复制、传播,以相同的样子销售,被同时分散给大众。本雅明用"韵味的消失"[①]来形容这种现状。韵味是一种特殊的、无法接近的氛围,它以虚构和想象的形式与现实分离,并完成对现实的反思和超越,"如果说艺术只站在更高的境界以毫不妥协的姿态实现着对生活的超越,那么广告则屈从于世俗的群体压力自甘与大众为伍,成为对现实社会合法性的证明"[②]。广泛的可复制性使广告不再具有什么艺术"韵味",传统艺术独一无二的权威性、独特性在现代广告作品中已经不复存在,广告以一种貌似艺术的"伪艺术"形式尴尬地存在于一个真理缺席、艺术淡出的时代,作为一种商业媚俗和自我嘲笑的文化景观。本雅明说:"复制技术把所复制的东西从传统的领域中解脱出来,导致了传统的大动荡——作为人性的现代危机和革新对立面的传统大动荡。"他将韵味的丧失视为一种潜在的解放。广告看起来是以个性和创意为生命,但这种个性是以对共性的迎合为前提的,并通过群体施压以从众的方式实现广告的商业价值;这种创意由于要受到表现形式、制作成本、媒介选择、模特造型、镜头剪接、诉求对象等的限制,因而是一种非个人化的生产活动,"即使它们表面上千差万别,但它们的生产、构成逻辑以及内在的特性都是同一的。这正像所有的封面女郎都是一样的,不同的只是她们的名字"[③]。广告最终的目的不是要达到什么"神""妙"的美学效果,而是如大卫·奥格威所言,"我从来没有听说这种产品,我一定要买它来试试"[④]。

其次,从欣赏方式上看,艺术欣赏需要一种静观的态度,而广告欣赏则以惊喜、意外、震撼、反差为第一要素。欣赏艺术作品需要静观,也即指一种深思默想或凝视状态,一种保持沉思和超功利观照所需要的距离感。艺术作品常常以批判或者反讽的姿态反映现实,并与现实相分离;而广告则是社会现实合法性的证明,它在与社会大众维持现实生活的现状的合谋中达成了默契,广告创意中的惊讶、震撼、意外都是一种当下短暂的心理震撼状态,像子弹瞬间穿越的效果,而不会在理性上唤起任何的批判意识。广告的观看方式恰恰不是个性化的,甚至是反个性化的,无论是广告对世界的观察方式,还是它通过一定的视觉形象吸引人们的解释方式,都力图尽可能普遍化、标准化,这样,它才可能以明晰而有效的方式完成其商业诉求。接受美学提出了"期待视野"的概念,"期待视野"是在欣赏

[①] 马克·西门尼斯:《当代美学》,王洪一译,文化艺术出版社,2005年版,第127页。
[②] 张殿元:《反美学观照:广告文化对艺术审美价值的消解》,《新闻大学》,2007年第4期,第135页。
[③] 周宪:《中国当代审美文化研究》,北京大学出版社,1997年版,第142页。
[④] 大卫·奥格威:《一个广告人的自白》,林桦译,中国友谊出版社,1991年版,第79页。

前即已经存在的意向,它可由作品中的特征、记号和暗示被唤起,接受美学提醒我们,整个"观看"的过程是以接受者为中心的。而广告中的接受者就是受众,而对受众的重视是广告的商业命脉所在,一部广告运动史及其策略史和理论史就是紧紧围绕着消费者和受众的"期待视野"而展开的历史。广告就是要人们按照创意所要求的那样去看,去想,去行动,个性化和多元化的解读对广告而言,不是什么荣耀的事,"也许所有广告都包括或者意味着某种意识形态。它们试图让观众做或者相信符合广告商利益的一些事情。观众与广告商默契的地方是关于优裕和美好的社会等笼统的观点和形象"①。如果一个广告引发了人们模棱两可的争执和猜测,那往往不是广告的成功,而是广告的失败。广告的画面绝对不允许欣赏者作出多余的选择,后面的形象不断地消解着前面的形象,因此不可能给欣赏者留下从容的、反思性的片刻,主体在片刻震惊中消失在对象世界之中。事实上,一个广告不必非要震惊或通过娱乐才能让消费者注意到它,其最终目的是唤起人对产品本身的兴趣。

广告的审美,大多服务于商业的目的,"任何艺术作品成功度的衡量是以它达成广告目的之程度来定的"②。广告作品,即使创作得像艺术品那样精美绝伦,只要缺乏市场效果的回应仍是失败的。阿莱夫·德波立兹曾有过一个形象的比喻:在一个美丽乡间装有大窗户的房间里,在窗户的对面墙上装有三面镜子。第一面镜子表面凸凹不平,第二面清洁精巧并有美丽的镜框,第三面没有任何装饰,只是一面清晰的明镜。一位观察者被请到房间里,在第一面镜子前,向导问道:"你看见了什么?"观察者说:"我看到一面不好的镜子。"向导指着第二面镜子问:"你看到了什么?"观察者说:"我看到一面美丽的镜子。"最后,在第三面镜子前,向导依然问同一个问题,观察者说:"我从开着的窗户里看到了一片美丽的景色。"如果镜子是一个商品的话,前两面镜子所提供的信息诉求就是很失败的,镜子的主要功能是突出它所映照的对象,而非镜子本身。这正如阿多诺所指出的,"以利润为取向的文化工业中,创作者主要关心的不是艺术的审美价值,而是上座率和经济效益,他们一味地迎合雇主的需要,成了消费者的奴隶"③。制作精良的广告有时往往使受众记住了某个故事和情节,却忽视了它所要传递的商品信息本身,"制作者会失望地发现他所制作的广告越是完美,他的广告也就

---

① 理查德·奥曼:《广告的双重言说和意识形态:教师手记》,载刘象愚主编《文化研究读本》,中国社会科学出版社,2000年版,第403页。
② 丹·海金司:《广告写作艺术》,刘毅志译,中国友谊出版公司,1991年版,第6页。
③ 张国良:《新闻广告与社会》,上海人民出版社,2001年版,第93页。

成为不被人注意的'广告'"①。真正优秀的广告应该像第三面镜子,能清晰地映衬、烘托出商品本身。

从某种意义上说,一方面,广告大约是最能消化吸收日新月异、迅捷发展的新技术的媒介形式;另一方面,它又是使消费和"美"结合得更加完美的艺术革新者,从古希腊的雕塑艺术、文艺复兴时期的《大卫》雕塑到现代印象派、达达主义的作品,从达·芬奇的《蒙娜丽莎》到梵高的《向日葵》,都能在现代广告创意中找到它们的影子。各种经典油画作品中的形象不断在广告中出现,或作为背景,或作为一种陌生化的效果被涂上化妆品、装上胡子、露出洁白的牙齿以颠覆传统的视觉习惯。现代社会已经很少有人能欣赏到《蒙娜丽莎》的真面目,也无暇去品味毕加索绘画作品的"神韵",然而,通过广告作品,公众认识了它们,从这个意义上说,广告在高雅文化的普及和审美教育方面可谓居功甚伟。若干年前,著名作家米兰·昆德拉被巧妙地镶嵌在广告音乐中的古典名曲片断所惊动、催醒,并为此大发感慨。今天,这种现象早已经司空见惯、习以为常了。各种传统的艺术经典被切割、绞断、搓碎后糅在广告中,掺和在商品包装上,各种成语被"偷梁换柱"而成为广告话语,于是出现了与传统文化隔膜而又受着被曲解的文化经典影响的、习惯写错别字成语的新新人类。广告文化的这种随意性和兼容性使其在具备吸附外来文化时保持了足够的张力,产生出强烈的"场吸效应",从而使"我们不再对广告的效果产生怀疑,不对广告说服(或者灌输)人们购买新产品的能力提出质疑,相反却对它在审美谱系中的位置表示由衷的祝贺。设计与广告,不仅与艺术混同在一起,而且也受到人们的普遍欢迎,并像艺术那样被陈列进了博物馆"②。很多画家、作曲家直接转变成为广告策划人、广告设计者,广告可以说是传统的艺术家和市场的资本家"合谋"的产物。

对现代性进行审美批判,在商品化和理性主义的压迫下,维护人的自由,守护人的精神家园,这是当代审美文化必须解决的任务。在一个过分审美化、"五色令人目盲"的时代里,广告是否应该承担起文化批判的角色,是否应该起到给人震惊、使人振作的社会责任呢?广告作为现代商业文化繁荣的一种表征,推动了市场经济的发展和社会的进步;广告作为大众文化的一部分,同时还承担着反省现代性、启迪现代人走向对生存意义追寻的责任。在现代社会,广告作为最为活跃的审美文化形态,可以说,"为天地立心,为生民立命"的文化使命虽不能完全由广告和新技术媒体所担当,但亦绝不能为广告所忽略。我认为有必要形成

---

① 汤姆·狄龙:《怎样创作广告》,刘毅志译,中国友谊出版公司,1991年版,第56页。
② 迈克·费瑟斯通:《消费文化与后现代主义》,刘精明译,译林出版社,2000年版,第37页。

一种新的广告创意观——与传统和常识相比,这种态度要更加宽容和开放地面对商品的象征用途,与物质世界产生更多的情感和共鸣,并最终形成一种努力使人类从物质世界中解脱出来的文化力量。至少,在一部分公益广告和一些比较精致的商品广告中,我们依稀可以看到这种新趋向的影子。但是,我们切不可天真地以为所有的广告都会如此,毕竟,广告不是提升人类灵魂境界和培养审美情趣的圣贤。广告具有公益的特性,但绝不能以公益作为创意的目标,果真如此的话,广告便不再是广告,而是哲学;广告亦不再是审美,而是走向了如沃尔夫冈·韦尔施所言的"应给人以震惊"的先锋艺术了。

第三节 消解距离的"参与艺术"

对不少人而言,广告是了解世界的窗口。广告通过电影电视等视听、互联网媒介等从各个层面、各个范围对现代人的生活施加影响,它潜移默化地重新塑造着大众的感知能力、思维方式和价值观念。与传统的需要保持适当的欣赏距离的艺术不同,广告在某种意义上是一种消解了距离的"参与艺术",一方面,这是指广告要消解广告作品与日常生活之间的距离,从某种意义上说,广告的世界要比周围的世界更加真实。广告无论是对现实的仿真,还是对历史的拼贴,都表达了对逝去的现实和感觉的模拟,"我们的当代社会制度失去了认识过去的能力,已经开始生存在一种没有深度、没有确定性或稳定同一性的'永恒现在'之中"①。这种没有历史、没有深度的文化景观已铸成了现代社会最引人注目的新艺术形式。另一方面,广告还要消解欣赏者与广告作品之间的距离,广告不仅是吸引你看到某个商品,更要促使你购买它、拥有它、消费它,这就使得任何一个广告作品,其本质上具备艺术作品的一个重要特征——它是一个"召唤结构",召唤你参与到它所营造的场景中,"使我们不再对广告的效果产生怀疑,不再对广告说服(或者灌输)人们购买新产品的能力提出质疑,相反却对它在审美谱系中的位置表示由衷的祝贺。设计与广告,不仅与艺术混同在一起,而且也受到人们的普遍欢迎,并像艺术那样被陈列进了博物馆"②。广告巧妙地用文化来包装自己,这里的包装不仅仅指广告讲究色彩与构图多么美观华丽,广告语言多么诗情画意,更指广告必须用的特定文化阐释模式。当广告被赋予文化意义的时候,一个早就编织好的梦境便产生了,"广告往往追求现实主义,但有时候审美方式却

---

① 史蒂文·康纳:《后现代主义文化——当代理论导引》,严忠志译,商务印书馆,2002年版,第63页。
② 迈克·费瑟斯通:《消费文化与后现代主义》,刘精明译,译林出版社,2000年版,第37页。

是超现实主义,尤其是像香水一类的产品广告中,它在文化上与梦想、幻想和欲望有着紧密的联系"①。现代广告通过理想化的背景、亮丽的色彩、紧凑的情节、富有想象力的创意、别出心裁的剪接手段,从而成为一种带有魔幻现实主义风格的"参与艺术"。

1. 广告构建了我们的生存环境

广告构建了我们与现实生存环境之间的假想关系。如果说,在福柯、德里达那里,"现实"是一个被悬置起来、人为地不让它进入我们当下讨论的概念,那么,鲍德里亚则认为,在当今社会文化中,人们已经生活在一个根本无法触及实在——根本不知实在为何物,而只是看到的象征符号,即"类象"的体系之中。在这方面,最典型的例子莫过于电视广告,因为它没有任何深度,它是瞬时性的,而且瞬时间就被忘记,"在今天这个电子传媒高度发达的时代,人们与远近事物的关系已经发生了重大转变,无所不在的电子传媒向人们呈现的已经不是现实本身(reality),而是超现实。人们生活在一个虚拟复制的文化中,被各种多余的、丧失意义的符号和信息所包围,无法逃脱"。广告如果拘泥于与现实生活完全对等,没有幻想和超越,就根本无法激起人们的欲望和热情,无法调动人消费的积极性。广告符号通过对现实的模拟而得到意识形态般的控制效果,正如个体对自己的身份认识是自我欺骗一样。广告构建现实,只是让人以为它在反映现实,霍尔称之为"自然幻觉"②,广告所虚拟的这种"现实"是远远超出了现实生活状况的理想化"现实"。所以,如果针对正常的人性发展和升华而言,广告不能说是一种成功的"艺术","它的坏来自它与生俱来的迷幻与虚假。好的艺术是'自然呈现',而'坏'的广告则是抽取、叠加、赋形与圆全的结果……广告的幻象几乎与真实本身一样不可剥离,加之精美的画面构成,天衣无缝的音乐效果,或者名人证言的力量,受众被无形中提升了的生活品质(吸引),从而获得心理上的自慰,甚至连有批判性的知识分子也不能免受其影响"③。一旦人们从广告虚拟的"现实"中走出来,仔细观察、思考自己的日常生活,反思自己的生存处境,就会在内心激起强烈的反差,从而导致他们心理、行为和价值观的改变。这种改变可能是走向"商品拜物教"的沉溺,或者是知耻后勇、奋发图强、改变命运,其后果需要更加细致、长远的社会学分析。

---

① 米切尔·舒德森:《广告,艰难的说服——广告对美国社会影响的不确定性》,陈安全译,华夏出版社,2003年版,第129-131页。
② M. Gurevitch, *Culture: Society and the Media*, (Methuen, 1982), p.76.
③ 唐晓渡:《广告是一种无害的政治》,《国际广告》,1999年第4期,第73页。

广告作为一种"参与艺术",它更多时候不是诉诸科学、客观的数据来获得大众的认同,而是诉诸情感。即便有时候大众明明知道广告所传递的信息是一种披着科学外衣的魔术[①],却依然乐此不疲。化妆品广告"今年20,明年18"的言语之所以比任何科学统计数据和实验结果更有吸引力,就在于它满足了人们共同追求和期待的某种愿望。广告宣扬和构置了一个虚拟语境,使人们不是直接认识自己所处的感性世界,而是在两者之间插入虚拟语境,人们通过它来认识周围的环境。现代人在广告所宣扬的"对真实的模仿"的"副本"中生活,这也就是说,"今天的人们已处于一个与过去完全不同的存在经验和文化消费的关系中,每天面对数以千计的形象轰炸,'幻像'取代了真实的生活"[②]。人与物之间的关系主要靠广告来沟通,假如没有广告,所有的物对人来说都是陌生的,因为人们只认识它本身,却不认识它的形象,"广告中的商品被赋予了神奇的力量,它似乎能够化解一切矛盾,解除一切痛苦,解决一切难题。在广告中,社会矛盾与个人痛苦乃至人类生存的困境,都可以在瞬间被神奇地(也是虚幻地)解决"[③]。一块口香糖可以让人获得梦寐以求的爱情,一片卫生巾可以让人获得幸福的生活感受,在广告中,此时此地变成了彼时彼地,通过对符号的解读,人们得到了商品的形象,并且把这种"附加信息"的存在当成了商品本身。广告对人们接近事物起到了促进作用,使之成为日常经验的真实性的、局外人的、不透明的屏幕。

广告与现实的关系犹如拉康所说的"镜像"关系,广告是对现实的模仿,它是对人感觉和生活理想的模拟,通过一系列仿真技术,人们在缺席某种场景时,亦能够获得临场的感官享受和神经快感,"它不是变得不真实或荒诞了,而是变得比真实更真实了,成为一种'在幻境式的相似'中被精心雕琢过的真实"。广告所编选的往往是世俗神话,它甚至用流光四溢的"媚眼",机智地引诱着大众风雅的"堕落",并且通过白日梦的方式,有步骤地催动着大众审美能力的退化,而沦为"广告信仰"者,"在难以找到其他具有永久持续性的象征的情况下,物质商品成了'体现内在价值的有形象征'。用伯克和勒克曼的话说,在高度流动的情况下,'在一个人的历史中,显而易见的消费模式取代了持续的人际接触……证明一个人的价值,用的是物质的东西,而不是人本身'。消费品开始成为一种标示物,一

---

① 杰克逊·李尔斯:《丰裕的寓言——美国广告文化史》,任海龙译,上海人民出版社,2005年版,第141页。

② 时统宇:《伦理的追问与学理的批评——对西方电视批评理论的一种解读》,《现代传播》,2001年第5期,第25页。

③ 陶东风:《口香糖与爱情:欲望的虚幻满足》,《中华读书报》,2001年7月4日,第3版。

种语言,它可以确定一个人的社会地位,并以具有象征意义的方式把人与民族文化联系起来"①。"广告信仰者"以广告作为现实生活的向导,需要什么,购买什么,消费什么,都有各类广告作为指南针,生活在现实中就是生活在广告中。

在不少广告创意中,现实空间与虚拟空间的界限消失了,主体性与客体性一道丧失了完整性和稳定性,物质现实与符号代码,主体与客体在此时都走向同一。麦克卢汉说:"新环境形成的时候,我们看到旧环境时,仿佛生活在似曾相识的幻觉之中。当然,这就是柏拉图的认识论,也就是说,这是一种再认识的形式,我们在另一种生存环境里看见过这种形式。"广告的审美给予我们的,不仅仅是对传统文化和审美观念的一种反叛和颠覆,而且代表着对一种简单、轻松、更有爱的生活形态和生活方式的追求。

2. 广告建构了我们的社会身份

广告将我们耳熟能详的旧有文化传统和现代信息技术带来的新形式巧妙融合在一起,虽然大众不是它的第一考虑对象,可它对大众的需求却显得如此体贴入微。虽然它考虑的对象不是独立的个体,而是"机器的附属品",但它却表现得很人性。虽然最经典的广告作品也毫不掩饰其对"效益"的考虑,但经典广告的商业企图往往并不让人反感。一般情况下商品通过广告所呈现出来的不仅仅是其使用价值,而且还有超出功能之外的某种附加的价值。每个人都有追求完美的心理倾向,人们常常把自己幻想得更加理想化。换句话说,人们不是在消费商品本身,而是在消费由广告所建构的那种文化品位。据法国媒体报道,受金融危机的影响,法国的奢侈品市场大大萎缩,然而中国游客却挥金如土,大量购买。到 2015 年,中国消费者已经成为与日本消费者同样重要的世界奢侈品消费群体。从消费的人群来看,中国的奢侈品消费人群集中在 20～40 岁,和全球的奢侈品消费人群年龄结构 50～70 岁比较,中国的消费人群趋于年轻化,而且是最为年轻的群体。国内各大报刊网站时常报道一些富家子弟一掷千金的事件,至于天价礼品等奢侈品也是屡见不鲜……部分广告中隐含着这样的观念:真正重要的不是我们在生产过程中所起的作用为基础而产生的阶层差别,而是在某些特殊商品的消费方面所形成的社会差别。因而社会身份就成为一个我们消费什么,而不是我们生产什么的问题。人在与广告所虚拟的符号互动过程中逐渐丢失了主动权,从而丧失了其主体性地位。人们为了在社会上显示身份和地

---

① 米切尔·舒德森:《广告:艰难的说服——广告对美国社会影响的不确定性》,陈安全译,华夏出版社,2003 年版,第 91 页。

位，常常通过对某类商品或服务的消费来使自己的支付能力可视化，从而达到与他人作歧视性对比的目的。例如，网上有位男士抱怨自己的太太月薪3000，却攒钱半年去买一个LV包，引起了网友的热烈讨论，从而成为一个广泛传播的社会新闻事件。很多女性认为这位女士有权购买自己喜欢的商品，又不偷不不抢，买LV包是女性应有的尊严和自由，难道女人嫁给男人还抵不上一个LV包么？而不少男性则认为这样的太太不顾家庭的经济状况，盲目追求奢侈品，不是一个会持家的女人。这个事件的核心，不在于购买行为本身，而是在于购买的物。如果这位女士买的不是LV包而是一双200元的皮鞋，就不可能吸引大众的眼球，引起他们的关注。20000元的LV包和200元的皮鞋，这种歧视性对比却成为不少女性试图证明自己尊严和价值的方式。LV包这种带有炫耀色彩的消费绝不仅仅是为了简单的吃饱穿暖，它其实是消费者情感和价值的一种"自我实现"，或者是为了体现"自我价值"的消费。消费的目的不仅仅是对物和商品的使用，而是为了"标新立异"，与社会大众进行区分，从而展示自己的"与众不同"。因此，为了达到这种目的，就必须在消费方式和消费理念上先行一步，时尚消费、名牌崇拜、奢侈消费就是这种心理的典型体现。广告生产了貌似事实的图像与表征，观众每天都对着数以千计的符号和影像，而其中大部分的影像并不与现实生活相联系，理性似乎处于一个相对独立的地位，但广告的图像嵌镶而引发的大众印象被分割和片断化的情景，却使观众处于一种消极麻木的状态，他们生活在强制性的娱乐中，这种娱乐隐藏了决定现存社会关系的权力关系。由广告或娱乐引发的消费活动，可以被看成是以影像为媒介的人与人之间社会关系的再现。例如ROBAM牌抽油烟机，原先叫"红星"牌，产品销售一直未达到预期，后来改名为"老板"（ROBAM）牌，立刻身价倍增，成为畅销产品，这就是广告文化在建构我们社会身份中的作用。它使大众在购买物质功能的同时，也获得了某种心理和精神层面的满足。

布希亚认为，在消费社会中，"物"和"商品"已经成为一种"符号体系"。20世纪90年代以来，中国正式进入了大众消费时代，什么是消费？鲍德里亚说："消费既不是一种物质实践，也不是一种'丰盛'的现象学。它既不是由我们所吃的食物、穿的衣服、开的汽车来定义，也不是由视觉、味觉的物质形象和信息来定义，而是被定义在将所有这些作为'指意物'（signifying substance）的组织之中。消费是当前所有物品、信息构成一种或多或少连接一体的话语在实际上的总和。"①物品向系统化符号身份的转变需要一个物品与人类关系的相应的转变：物与人的关系变成消费关系，因而，这里的消费再也不是作为需要——满足核心环节的那个消费，不是在通常意义上对物品的购买、拥有和消耗，一句话，它的实质不是人和物的关系，而是在物中并通过物而建立的人和人之间的象征关系。人和物的关系之所以是"消费性的"，是因为物是人和人之间关系的符号性建构和指涉。消费品事实上已经成为一种分类体系，对人的行为和群体认同进行着符号化和规约化。因此简单地说，"物"和"商品"既要成为"消费"对象，"物"就必须成为符号，因为"物"从来都不是因为其物质性而被"消费"的。所以这里的符号也就具有了价值，具体而言，商品不但具有使用价值和交换价值，还具有符号价值。商品的符号价值表明，商品能够成为某种社会地位、经济实力、生活品位和社会认同的符号，体现着商品的社会象征性。

广告对我们社会身份的建构是通过符号实现的，这也是广告喜欢用明星、美女帅哥做广告的原因，比如：张曼玉用的化妆品、周杰伦穿的衣服显然比一般人做的广告更有吸引力。广告就是利用这种自居的心理，使大众从现实走出来，进入一种超越现实的境遇幻境中。一件商品，它的符号价值越高，就越能体现消费这件商品的人的社会地位和社会声望，符号价值的消费成为社会成员之间相互关系的基础和纽带，"流通、购买、销售，以及对作了区分的财富及物品符号的占有，这些构成我们今天的语言编码，整个社会都依靠它来沟通交流"②。因此，商品的符号象征性成为炫耀性消费者追逐的目标，对符号价值的追逐，主要体现在对名牌和奢侈品的消费。有很多打着"皇帝用品"的广告，如"内廷供奉"专用、"至尊华庭"楼盘、"御膳房"餐厅、"御书房"别墅等，以一种"仿真"的模式复制历史，旨在说明一种帝王才有的尊贵和至高无上，它通过历史和文化传统无形中契合了人们渴望尊贵的隐性心理。也有的用皇帝演绎戏说的历史，截取一个历史片段进行解构、重构，用夸张、无厘头来消解权威，无形中打破陌生感，消解了历史感，仿佛帝王和我们是同一类人，过着我们相同品质的生活。人们的身份和地位是根据他们消费能力和消费档次来决定的，这是消费社会的文化逻辑。

同时，我们也要注意到，物品的符号之所以是物质性的，而不是纯粹能指的抽象性拟写，就是因为它是财富、权力和使用价值的物质性凝结。财富的划分绝不是纯粹符号层面意义指涉的区分，而是通过符号实现对整个现实世界之分割、

---

① Jean Baudrillard, *Jean Baudrillard：Selected Writings*. Mark Poster(ed), (California：Stanford University Press, 2001), p. 25.

② 让·鲍德里亚：《消费社会》，刘成富、全志钢译，南京大学出版社，2000年版，第56页。

占有和禁绝的区分。对一辆高级轿车或一栋别墅的占有绝不仅仅是拥有了某种社会身份的意义感和可交换功能，而是实实在在地拥有了某种财富量、社会功能空间和物质空间。因此，物品符号永远都不能改写为纯粹的符码，总体上它只能以其物质性为基础来编码，而不能变成纯粹的能指。即使在实际的消费中，商品有被能指化的趋向，那也是因为它代表的实际财富的含量才成其为能指的，否则，它对社会地位的区分就不再是现实和客观的；否则，消费社会的符号消费就不再具有区分等级的真实功能；否则，这个社会就不需要广阔浩繁的物质生产，而只需要纯粹符号编制的画饼充饥。一句话，没有物品作为社会财富的物质性凝聚，物的符号编码就不可能实现为能指。

3.广告重构了我们的生活理想

美国广告评论家帕克德在《隐藏的说服者》一书中说："我们中有许多人在日常生活的方式上，正不知不觉地受到广告的影响，并受它巧妙地操纵和控制。"虽然广告让我们感知了现代生活与时尚的脉搏，但也让我们在物理空间上远离了事件的真正发生地。从广告中感知的情感、平等、权利、美等概念，与在日常现实生活中的这些东西有着本质的区别，从而与真正的生活相疏离。麦克卢汉指出，"读报纸的人不是把报纸看作高度人工制造的、与现实有对应关系的东西，他们往往把报纸当作现实来接受。结果也许就是，媒介取代现实，取代的程度就是媒介艺术形式的逼真度"。广告通常以夸张、怪诞的手法塑造了商品解决问题的神奇力量，并且让受众信以为真。

广告有意无意地掩饰了它的这种构置"镜像"的意图，它向我们传递的信号是：消费的世界是一个新的世界，人在其间过着期望的理想生活，追求即将出现而非现实存在的东西，而且一定是不费吹灰之力就能得到的东西。广告的所展现的形象与人们的欲望相互吻合——广告是欲望企图抵达的世界。如何缩小现实生活与欲望世界的差距呢？消费，更多的消费才是方法，是到达理想的舟筏。

在消费社会，人被各种媒介包围着，他们对各种信息的接受、了解，都极大地依赖媒介，媒介成为现代生活须臾不可缺少的东西。久而久之，人们就会把媒介上各种符号性反映、呈现出来的东西，当作"真"的现实，转过头来，却觉得身边的现实生活荒诞乏味。有人曾以美女挂历来论证这个问题，"假如把这些美女像一张一张贴在饭堂的墙上，那么原本阴暗的饭堂也会鲜亮起来，看着这些美女像吃饭也许会刺激食欲，某个小伙子也许会盯着其中的一位'美女'，欣赏她，觉得意中人就是她，可当他回过头来瞥见自己不那么美的媳妇时，他可能会觉得有些陌生，她顿时变得不真实，他的意中人在墙上。结果假的变成'真'的，而真的却成为'假'的。真实感的丧失,就是这类大众文化产品的一种效应"①。现代的广告,女人几乎是千篇一律的青春美女,男人几乎是千篇一律的成功人士,家庭主妇兴高采烈地忙着家务,一家人住在宽敞的别墅里其乐融融……广告中的人和物都大大超出了现实生活中的人们的生活水准和正常生存状态,非常规、常理所能包容,正如美国学者马克·波斯特所言,"广告以极大的弹性构筑一个微现实,事物在其中的并置方式有悖于日常生活的规律"②。广告打破了现实和虚拟的界限,呈现出一种"潜意识"的沉醉状态。广告并不是原本就存在的真实参照物,而是一种"自我实现"的预言,"广告既不让人去理解,也不让人去学习,而是让人去希望,在此意义上,它是一种预言性话语。它所说的并不代表先天的真相(物品使用价值的真相),由它表明的预言性符号所代表的现实推动人们在日后加以证实。这才是其效率模式。它使物品成为一种伪事件,后者将通过消费者对其话语的认同而变成日常生活的真实事件"③。广告使你相信,消费某种商品,就意味着你同时也消费了这个商品所代表的那些理想。杰姆逊认为,在这种无意识的欲望中,最强烈、最古老的愿望仍是集体性的,例如,永久的青春、自由和幸福等,这表明这种欲望是集体性的同时,还幻想着对整个世界的改变,人们乐于接受这样,因为它迎合了现实中人们永葆青春、延缓衰老的愿望。

广告可以看成"现代性"在当今社会中的一个文化标志,广告最基本的销售技法就是"造梦运动",它将消费过程像风景画一样展开在观众面前,产生一种漩涡式的幻觉效应。人们很容易将虚拟的事物看成现实,将心造的幻影当成现实,将超验之思想看成必然的境况,将表面现象看成事情本身。波德莱尔说:"在我们不断积累、增加、竞相许愿的现代性中,我们已忘掉的是:逃避给人以力量,能力产生于不在场。虽然我们不能再对抗不在场的象征性控制,我们还是陷入了相反的幻觉之中。"广告成为世界的过滤器,呈现在我们眼前五光十色的景观,不过是广告的一个缩影,"我们已经生活在一个无处不有的现实的'审美'幻觉之中"④。在仿真的世界里没有什么是真实的,就连我们的消费欲望都不是真实的,即不是出于我们的内在本性,而是由广告拟像从外部挑起建构的。麦克卢汉早就对此发表了深刻的洞见,"广告商和好莱坞以各自不同的方式,竭力进入公

---

① 童庆炳:《人文精神:为大众文化引航》,《文艺理论研究》,2001年第3期,第53页。
② 马克·波斯特:《第二媒介时代》,范静哗译,南京大学出版社,2000年版,第88页。
③ 让·鲍德里亚:《消费社会》,刘成富、全志钢译,南京大学出版社,2000年版,第138页。
④ Jean Baudrillard, *Simulacra and Simulations*, trans. Paul Foss, Paul Patton, and Philip Beitchman, (Stanford, CA: Stanford University Press, 1983), p. 148.

众的头脑,以便把集体的梦幻强加在公众心灵的舞台上。在追求这个目标的过程中,好莱坞与广告商都展示无意识的行为。那梦幻一个接一个地展开,直到现实和幻境可以互换而失去区别。广告商用色情的形象充斥我们意识情形、宗旨明确、能够驾驶的白昼世界,目的就是借助暗示来淹没我们对推销的一切抵抗。好莱坞用白昼的神灵形象来充斥我们夜晚的世界,它们使这些人造的神灵(明星)扮演日常抵抗的角色,以奉承和安慰我们,使我们不至于因为失败而沮丧。它们为我们推出一个奥林匹斯山巅的梦境,让我们在名牌商品的簇拥中开怀畅饮、慵懒度日"①。消费本身成为幸福生活的现世写照,成为人们互相攀比互相吹嘘的话语平台,"消费文化的一个重要特征就是,商品、生产和体验可供人们消费、维持、规划和梦想"②。大众如同一张柔韧的白纸,广告可以纵情涂写自己的蓝图,因为大众是沉默的大多数。大众通过广告消费的不再是商品及其使用价值,而是消费符号、消费拟像、消费欲望罢了,广告的审美幻象就是让人们在进入审美幻境中时,也消费着主体成功的神话。

广告制造的审美幻象结果是刺激了大众的欲望,并不断地为大众制造了新的欲望需要,每个人都感到幸福生活就是更多地购物和消费,消费本身成为审美生活化构成和幸福的现世写照。鲍德里亚说:"正是形式的狡猾才能不断地以内容的证据掩盖自己。正是语码的狡猾才能以价值的明晰性掩饰自身并且生产自身。正是在内容的'物质性'中,形式消费着它的抽象,并作为形式完成自身的再生产。这就是它特有的'巫术'。"③社会物质不再是匮乏的而是过剩的,思想不再是珍贵的而是老生常谈,节约不再是美德而是过时的陈词。广告的意义编码对应着社会的各个层面,因而与现实的对象又处于非对称状态中,使得现实在被感知时成为一种虚拟的状态,成为多余的剩余物,人们就被置于一种"超实在"的虚无中。鲍德里亚认为,广告是这个时代最出色的大众媒介,它的大众传播功能并非出自其内容、传播模式以及明确的目的(经济或心理的),而是出自其自主化媒介的逻辑本身。这也就是说,广告参照的并非是某些真实的物品、某个真实的世界或某个参照物,而是让一个符号参照另一个符号,一件物品参照另一件物品,一个消费者参照另一个消费者。广告是文化在物化过程中最直接的手段,也

---

① 马歇尔·麦克卢汉:《机器新娘——工业人的民俗》,何道宽译,中国人民大学出版社,2004年版,第185页。
② 迈克·费瑟斯通:《消费文化与后现代主义》,刘精明译,译林出版社,2000年版,第166页。
③ 罗兰·巴特、鲍德里亚:《形象的修辞——广告与当代社会理论》,吴琼、杜予译,中国人民大学出版社,2005年版,第78页。

是"文化工业"最得心应手的武器。当广告以刺激的画面和煽动的语言,以模拟现实的影像冲洗着大众的头脑时,人们会被困囿于各自单个的空间,心灵与外界精神上的交流更多的来自虚拟,文化过剩生产意味着被生产出来的信息数量大大超过了主体的阐释能力。广告是新的生活方式、生活观念的启蒙者,"大多数流行的需要,诸如按照广告的宣传去休息、娱乐、处世和消费,爱他人所爱,嫌他人所嫌"[1]。一个人在出国或者外出度假,暂时脱离了广告信息的"轰炸"一段时间后,他会惊讶地发现自己生活在一个相对"陌生化"的生活情景和消费方式之中,如流行的某商品品牌发生了变化、支付方式发生了变化、消费观念发生了变化等,这种改变有时甚至大到让他不由自主地怀疑:他原来的真实生活可能是虚假的。可见,广告早已成为现代人生活中必不可少的一个组成部分,它不断改变我们的生活世界,并重构了我们的人生理想。

---

[1] 马尔库塞:《法兰克福学派论著选辑》(上卷),上海社会科学院哲学研究所外国哲学研究室译,商务印书馆,1998年版,第493—494页。

第四章

广告美学中的女性形象

1995年,第四次世界妇女大会在北京召开。大会通过的"行动纲领"高度重视媒体在消除性别歧视和推进妇女发展方面的重要作用,将"妇女与媒体"列为"战略目标和行动"的12个关切领域之一。国际妇女运动呼吁大众传媒树立性别意识,为提高公众的性别觉悟,为提高妇女地位、推进男女平等做出更大贡献。这一国际动向引起我国妇女研究界和新闻界的广泛关注。第四次世界妇女大会之后,一些研究者开始从性别观念角度探讨我国媒介广告中的女性形象。有些研究者认为,以工业化方式生产并大量复制的女性形象已大规模进入商业交换活动中,这些女性常常被描述为被观赏者和产品的享受者,而不是劳动或娱乐活动中的平等伙伴,对广告的认同意味着我们默许了广告内含的男权秩序及其对女性角色的规定[①]。还有些研究者认为,广告中存在着大量的角色定型,这类角色定型喜欢强调女性的被观赏性和易操纵性,其实质是对女性独立人格的否定[②]。在此意义上,刘伯红将媒介概括为"倾斜的大众传媒",即媒体向男性文化倾斜,产生了否定女性主体性的倾向[③]。对广告中的女性与性的阐释、身体奇观、身体叙事、性与观看的方式就构成了这类研究的主要内容。

在人类社会发展的进程中,压迫与反压迫、歧视与反歧视的斗争一直都存在着,而女性主义正是此一斗争的硕果。女性主义自诞生之日起,就始终以男女平等、反对以强凌弱为使命,提出在男性与女性相互尊重的基础上,重建一种平等的、互动的、健康的性别关系[④]。然而,在男性话语权居统治地位的文化背景中,女性主义所要求的自由、平等、和谐的性别关系在过去很难觅其踪迹。在过去的文学、绘画作品中,人们将女性比喻为创造生命的源泉;而在现代广告中,女性也是一个主要的角色,她是表演者,意义的承载者,价值的赋予者,也是被观察者。本章从广告美学的角度,对广告中的女性形象进行分析,广告中的女性呈现出哪几种角色?这些不同的角色背后呈现出什么样的女性美?她们分别代表着什么样的女性观念?在性别平等的视角下,女性角色究竟是广告的主体?还是被广告呈现的角色所主宰?

第一节 广告对女性形象的塑造

在塑造并强化女性在现代社会的角色方面,大众传播媒介和广告起到了非

---

① 黄梅:《跟着广告走?》,《中国妇女报》,1995年11月22日。
② 卜卫:《广告与女性意识》,《妇女研究论丛》,1997年第1期。
③ 刘伯红:《倾斜的大众传媒》,《中国妇女报》,1996年4月3日。
④ 任一鸣:《女性主义之我见》,广西师范大学出版社,2004年版,第35页。

常重要的作用。传统"男主外女主内""贤妻良母"等角色模式影响了现代广告对女性形象的塑造,甚至在某种意义上,广告为了讨得大众的欢心还有意强化这种性别分工模式。在广告中,女性的形象是千变万化的,但变来变去,不外乎就是"乌黑亮丽的秀发""柔滑白嫩的肌肤""脸色红润""性感苗条的身材""优雅健康的气质"等,这大多体现在化妆品广告中。广告将人们带入具有人文象征的情景,使每个广告接受者都希望能像广告所展示的那样,重塑令人羡慕的自我形象,广告中的这种女性形象大多是从男性视角出发去定义女性形象的标准,也集中反映了男权话语下的价值体系和思维模式。同时,广告所竭力营造的温馨、浪漫气氛更是将女性形象模式化的致命因素,屏幕上女性的甜美、性感、温柔、超凡脱俗的形象,已成为现实生活中女性们顶礼膜拜的"模板",从而使广告中女性的审美形象呈现出某种单一化和程式化的趋势。

通过对中国广告节自2002年第九届至2006年第十三届的平面广告获奖作品的统计,显示出广告中的女性形象为明显的弱势形象的比例为22.69%,这主要包括被领导者、被保护者、被爱慕者、消费者、被嘉许者、被欣赏者、服务提供者、制造问题者、寻求建议者等,另有19.45%为享受型女性,11.72%为家庭型女性,4.24%为母亲形象,10.10%为不确定形象,后几种角色分别比男性要高出14.30%、5.73%、2.51%、2.52%。同时,事业形象的女性比例为7.10%,运动形象的为6.48%,强势形象的为9.22%(包括领导者、保护者、爱慕者、创造者、嘉许者、欣赏者、服务享受者、解决问题者、给出建议者等),反面形象的为5.86%,名人形象的为4.11%,这几种角色分别比男性低6.34%、2.72%、3.50%、1.54%、2.38%。从整体上看,几乎在所有的洗衣粉、洗衣机、厨房用品、药品类、美容化妆品广告中的主角,都是年轻美貌的女性。而在机械电子类、科技类产品中,女性角色出现的次数只占了14.9%。大家比较熟悉的广告场景是:男性惬意舒适地端坐于沙发中,饭桌前读书、看报,看电视,享受着温馨的生活,而女性却忙碌于洗衣机边、煤气灶旁、菜市场上、孩子的书桌前……这几乎是现实生活中男女性别分工的写照。

以电视广告为例,当前广告中的女性形象大致可分为以下四类:

1. 家庭主妇型

福柯的"标准化"思想被女性主义研究者用来揭示女性的生存状况和社会地位。所谓"标准化"是指控制和自我规训的神话,"规训是近代产生的一种特殊的权力技术,既是权力干预、训练和监视肉体的技术,又是制造知识的手段"①。社会通过公众话语来定义什么是正常,什么是反常,通过标准化来要求人们服从规范。但是,因为传统观念的根深蒂固,男性话语依然占优势并陷入集体无意识,"贤妻良母型"的女性不仅是男性所定义的正常,亦被女性无意识地内化为自我要求的标准。

广告中的女性,大多是通过其外在形象而不是其智慧和人格魅力去获得男人的认同,通过其在家庭中的"能干"而不是社会公共领域的"能力"去赢得社会的认同。罗兰德·马查德通过对第二次世界大战前的广告研究发现,"明显处于优越地位的男性广告制作商在向女人们暗示,她们可以更好地承担起妻子和母亲的义务。很明显,大多数妇女或是被劝服,或者至少也接受了妇女作为母亲和操持家务的人这一形象,而男人则是作为养家糊口的人的形象,这种情况一直持续到第二次世界大战"②。20 世纪 60 年代女权运动兴起后,虽然女性在社会上的地位有所提高,但广告依然"反复将妇女形象设定为家庭妇女以及其他一些传统角色"。广告对女性的这种"议程设置"的方式使得现代广告中的性别歧视依然严重而普遍。电视广告中的女性形象大多和家用品、食物类、药品类消费品联系在一起,其出现的场所也主要是家庭、菜市场。她们或是会烧得一手好菜,或是把脏衣服洗得洁白透亮,或是把家里打扫得干干净净,或是服侍老人照顾孩子任劳任怨……在广告中,她们被定义为家庭主妇的形象,并且其自身也非常乐于接受并享受这种角色。如某调和油品牌的广告:爸爸与儿子为妈妈拍摄 DV,妈妈使用该品牌调和油烧菜做饭,爸爸与儿子享用,父子俩吃完后对妈妈的手艺赞不绝口,儿子给妈妈颁发金牌。广告强化了"男主外女主内"的刻板印象,广告中的女性满足家人即男性的需要,而男性不仅是家务服务的享受者,也是女性劳动成果的评判者。广告中儿子为妈妈颁发的金牌意味着男性对女性的肯定性评价,评价的标准恰恰是基于女性是否很好地履行了家务劳动,这进一步强化了"女主内"的性别角色定型。整个广告似乎都在暗示着女性是理所当然的家务劳动者,"男主外,女主内"合情合理。尽管有些电视广告中也不乏出现男性关爱妻子、关心老人的镜头,但这些广告无一例外地从另一个角度强化了"女主内"的传统意识。某厨房用具的广告通过一个女舞蹈演员的动作表演来完成诗意的传达:用该品牌厨房用具,生活就像艺术。可是为什么是女的(而非男的)这么高兴、喜悦呢?言外之意就是洗衣、做饭、洗碗是女人的专利。

---

① 福柯:《权力的眼睛——福柯访谈录》,严锋译,上海人民出版社,1997 年版,第 375 页。
② 朱丽安·西沃卡:《肥皂剧、性和香烟》,周向民、田力男译,光明日报出版社,1999 年版,第 429 页。

女性的这类形象在洗衣粉广告中表现得更为突出，众多洗衣粉品牌等无一例外地都启用了女模特示范性地使用这些洗衣粉。在某洗衣粉品牌广告中，一男性出门推销洗衣粉，促销的口号是"别伤了老婆的手"，看起来是关爱女性，实际是在暗示我们：洗衣服是女性的专利。这些广告所表达的都是男性对女性的角色期待，用戈夫曼的话讲就是"附属形式"或是"以俯身致敬形式表明女性在身体上就低于男性"。例如，床、地板常伴随着女性在广告中出现，这就代表着女性处于一个次要附属的位置，她们不是在擦地板就是在擦浴盆①。在男性的话语霸权下，女性存在的意义就在于做妻子和母亲，而她们在社会公共领域的形象和角色依然为男性所遮蔽，女性在家庭中服侍丈夫、照顾小孩、料理家务的形象在这里得到了强化。

有电视广告媒体宣称其对广告所呈现的女性传统印象并非故意所为，只是由于"我们的社会，像其他社会一样，必须将社会遗产一代一代地传下去，主流价值观的延续与传递是社会的需要"②。正是广告媒体的这种态度和观念，使得其所创造出的广告作品在一定程度上迎合、加深了社会文化积淀中那些将"两性"社会形象及社会功能严格区别开的期望和观点，通过对女性的各种规范及其对女性传统形象的反复传播，抑制了女性通过各种奋斗而不断进取的意识，将女性的抱负和理想引入家庭的狭小圈子。

2. 陪衬型的职业女性

随着社会的变化与进步，电视广告对女性社会角色的描述较之以前发生了很大的变化，职业女性形象越来越多。根据调查显示，在有男女角色关系的广告中，女性处于被支配地位的占84.6%，处于主动地位的只占15.4%；与男性社会角色相比，广告所塑造的女性形象大多处于男性的从属地位，她们通常被塑造为秘书、助理、服务员、导游或是需要男性帮助的职业女性等具有服务性、辅助性的职业女性形象，这与广告中频频出现的成功男人、精英人士形成鲜明对比。

在当代中国广告中，由男女分别承担社会角色的区分也很明显：所有与公共事业有关的广告角色几乎都是由男性来扮演，反之，所有与消费有关的广告角色几乎都是由女性来扮演。男女角色与产品类别关系的调查数据显示：仅有食品类广告中男女角色出现的差值在10个百分点以内，在其余类别的广告中，二者出现率差值均超过10个百分点。女性出现频率高于男性的产品类别是（按照差

---

① 朱丽安·西沃卡：《肥皂剧、性和香烟》，周向民、田力男译，光明日报出版社，1999年版，第432页。

② 刘利群：《社会性别与媒介传播》，中国传媒大学出版社，2004年版，第155-160页。

值由大到小排列）：非酒精类饮料（女 73.91%/男 23.91%）、个人用品（女 72.00%/男 42.00%）、家庭用品（女 77.42%/男 54.84%）、家用电器（女 81.48%/男70.37%）、食品（女 86.67%/男 80.00%）；男性出现频率高于女性的产品类别是（按照差值由大到小排列）：医疗设备及非处方药类（男 81.48%/女 33.33%）、交通工具及器材类（男 92.86%/女 50.00%）、酒精类饮料（男 71.42%/女 42.86%）、公益类（男 84.94%/女56.46%）、企业形象（男 82.14%/女 55.36%）、户外广告（男 77.56%/女 51.92%）、其他平面广告（男 82.05%/女 57.69%）、通信事务类（男 89.65%/女 68.97%）、金融保险类（男 85.00%/女 70.00%）、办公设备及用品类（男 73.33%/女 60.00%）、房地产类（男 85.45%/女 74.55%）。我们可以从男女角色出现频率的差值看出，女性形象更倾向于与家庭、家务有关的角色，如服装美容类、家庭用品类、食品饮料类的产品广告，而男性形象则更倾向于社会性角色的产品类别。如某薯片品牌广告：女员工的电脑死机了，向男员工求助，男员工解决了电脑问题，被女员工桌子上的薯片吸引，为了多吃薯片，男员工为电脑装了各种额外的软件和游戏，直到吃完薯片才罢休。首先，广告中的女员工被塑造为没有能力处理简单的技术问题、需要求助于男性的女性，这既强化了女性的从属地位，又强化了男性"科技霸权"的传统印象。其次，女性在办公场所也离不开零食，广告中的女员工在问题解决后的第一件事就是拿起自己的薯片，衬托出职业女性既不职业又不敬业的幼稚形象。尤其在科技产品广告中，女性基本处于一种"失位""失语"的状态，即使出现了女性角色，也只是男性角色的陪衬品或是被嘲弄的对象。她们一般只作为礼物的接收者或是站在男性身后默默支持男性通过使用科技产品走向成功的背景人物。如某商务通广告，一位男性昂首阔步走向人生巅峰，而广告中的女性承担的则是"站在成功男人背后的伟大女性"的角色，她们即使身处职场、八面玲珑，也不过是成功男性的陪衬而已。伊安·卡普兰一针见血地指出："电视对职业女性的描绘，实际上是家庭主妇的翻版。"①正如家庭主妇常和婚姻联系在一起一样，职业女性也常和单身联系在一起，这就意味着：职业女性在工作之中，是男性的附属；在工作之外，他们也是男性抛弃、冷落的边缘角色。这些广告无形中夸大了男女两性在职业生活中的差异，贬低了女性对社会的贡献和作用，她们不具社会影响力，无法从事技术性、创造性的工作，职业女性本质上只是家庭妇女这一角色在社会上的延伸。

---

① 伊安·卡普兰：《女权主义批评与电视》，见《电视与当代批评理论》，李天铎译，台湾远流出版公司，1993年版，第 233 页。

近些年来，随着女权运动的兴起，现实中的女性有着更为多元化的生存和发展空间，她们日益自强、自立，早就突破了家庭生活的圈子，走向了广阔的社会空间，不少人成为职场上的"白骨精"①，女强人、女博士也成为大家崇拜、羡慕的成功象征。早在1968年，随着贝蒂·弗里丹《女性的奥秘》的出版，西方掀起了妇女解放运动的第二次高潮，为了适应这一运动潮流，西方的广告商开始纷纷展示新的女性形象，媒介上出现了很多斥责妇女被定义为家庭妇女这一刻板印象的广告，如洗衣粉的广告，也开始出现了以男性角色为主导的形象。

甚至有些广告公司为避免惹上"性别歧视"的法律纠纷和引起社会上的不良反映，专门聘请女性问题专家担任广告的审查顾问，这些措施和改变对于改善性别歧视、重塑女性形象起到了非常好的作用。

3. 性感型的时尚女性

露丝·本尼迪格特在《文化模式》中指出，不同的文化赋予了两性不同的含义，社会文化操纵着两性的意识形态。自母系氏族社会结束以来，在数千年的男性语境中，男性始终掌控着社会的话语权，男性群体审美观念的每一次变化，女性都只能是被动的接受者。在现代社会中，女性的地位或许有所改变，但通过广告创意中的女性形象我们可以看到，审美权并未完全掌控在女性自己的手中，男性的审美标准仍然是消费社会主流的意识形态。在以女性为消费对象的电视广告中，广告商往往挑选比大多数女性更年轻美丽的模特作为代言人，以此来影响和告诫广大女性：女性就应该追求年轻和美丽。而化妆品、精美服饰、整容等是女性实现"理想"的手段，似乎拥有了模特所展示的商品就可以变得更性感、迷人。女性在广告中的这种情形，在深受中国传统文化影响的日本、韩国也是如此。统计数据表明，日本洗发水广告中的女主角为青春淑女的占57%，成熟职业女性占36%，家庭妇女占4%，其他占3%。不论是以上所说的何种类型的女性，都无法否认地符合日本自古时起的评价女性美标准中的大多数要求。统计数据表明：2000年以来，韩国洗发水广告中的故事情节和女性角色，以挑逗性角色为主，衣着打扮和行为举止以取悦男性为最终目的，大约占到50%以上。这种以男性为审美的主导其实也是韩国社会文化的一个折射。

从广告的形式表现上看，女人能成为广告的主角，其主要的原因就是漂亮的面容、性感的身材、妩媚的神态和体贴的服务，"美丽能给你带来自信、带来骄傲；你拥有美丽，就拥有甜蜜的爱情和成功的事业"。这样就把女性简单化或者窄化

---

① "白骨精"，网络语，指白领、骨干、精英。

为"花瓶"了。从广告的故事叙事模式上看,以女性为主角的广告大多形象地表现了女性对物欲的追求和迷醉。女性在追求物的同时,其自身也被"物化"了,这也在一定程度上反映出女性时刻处于男性主导的"审美霸权"观照之下的生活状态。现代广告创意有个著名的"3B原则",即是 Beauty(美女)、Baby(宝宝)、Beast(动物)。按照这个原则,雪肤花貌的美女、天真烂漫的宝宝、活泼可爱的小动物,通常最能博得人们的目光和怜爱。广告如果能用 3B 作为表现主题,一般可以达到最大的 AIDMA(Attention,Interest,Desire,Memory,Action,即注意、兴趣、渴望、记忆、行动)效果。尽管宝宝和动物的形象在现代广告中出镜频繁,但和美女形象的频率比起来仍要逊色得多。在今天的电视、网络广告里,美女无处不在,表现女性圆润柔美的线条和富于弹性、质感的形体的广告屡见不鲜,所谓的"女色经济"就是一种把"女性美"这种商品当作一种特殊类型的有力筹码来运作的经济形态。鲍德里亚对这种现象进行了深入的探讨,"在消费的全套装备中,有一种比其他一切都更美丽、更珍贵、更光彩夺目的物品,它比负载了全部内涵的汽车还要负载更沉重的内涵,这便是身体。在经历了一千年的清教传统之后,对它作为身体和性解放符号的'重新发现',它(特别是女性身体,应该研究一下这是为什么)在广告、时尚、大众文化中的完全出场,人们给它套上的卫生保健学、营养学、医疗学的光环,时时萦绕心头的对青春、美貌、阳刚/阴柔之气的追求,以及附带的护理、饮食制度、健身实践和包裹着它的快感神话。今天的一切都证明身体变成了救赎物品。在这一心理和意识形态功能中它彻底取代了灵魂"[1]。在现代社会,女性的身体较之其他任何物品更具有视觉文化的典型性,围绕着它产生了无数的神话,"男子的占有欲、观看欲和女子的被占有欲、性炫耀是互为因果地存在于父权社会的,这造就了人体审美中的一种奇特的心理不对称现象"[2]。从众多护肤霜品牌给女性肌肤健康保证细腻、嫩白、有弹性的美丽承诺,到"女大十八变,风韵看得见"的露骨暗示,各种护肤、美容、健身、养颜的电视广告占据了电视黄金时段的大幅版面,一张张姣好的面容从电视荧屏上千娇百媚地闪过,当社会对女性的审美要求是拥有轻盈柔软的身姿、圣洁细腻的肌肤、完美曲线的肩膀等的时候,女性就虔诚地遵守着这样的规则,以使自己气度不凡、倾倒众人。

女性作为被欣赏对象具体体现为广告中特写镜头的大量运用,"特写镜头的画面越充满画面,电视屏幕越大,观众与屏幕之间的距离越短,就越能吸引观众

---

[1] 让·鲍德里亚:《消费社会》,刘成富、全志钢译,南京大学出版社,2001年版,第139页。
[2] 潘知常:《反美学》,学林出版社,1995年版,第151页。

的注意力,并提高他们的参与程度"①。广告创意中使用的女性形象很大一部分都是偏于女性作为被观赏对象的角度来定位,米尔佐夫认为,看,甚至凝视,在性别身份的形成中占据了一个核心的位置,"凝视不只是看一眼或瞥一下。它是凝视者通过把自己与凝视的对象区分开来从而建构起自己的身份的一种手段"②。女性形象在广告中过多地被"看",而且是从男性的视角去看,这就过多地强调了女性的"性特征",而并非是观照女性美的其他成分,比如道德的美、精神的美、理性的美、智慧的美……女性在其中已经蜕变为一种"性符号"。如品电视厂商推出的等离子彩电的广告片:一男子准备洗漱。抬头看见嵌入墙中的镜子中一女子在描眉涂脸,留着和自己相似的中短发,身着同色的T恤。男子愕然,(观众也愕然)镜中女子依然毫无顾忌地左顾右盼,对着镜外的男子眉目传情,肢体语言十分丰富。男子由惊讶到面露喜色。男子再次对着镜子剃须。(镜头切换后)男子脸颊上留下了鲜艳的唇印。男子摸着自己的脸颊羞赧而满足地笑。(镜头推远)只见那镜子中的影像是挂在墙上的等离子彩电,那女子是电视中播出的影像。这时话外音响起:"视听空间我做主。"这则广告非常鲜明地表现了女性形象"性符号"化的特点,广告中的男性所显示出来的心理状态就是"惊艳→打量→性幻想",最后的一个唇印使潜在的欲望得到了满足。在这个场景中,"人的本质不再是一些抽象的形式原则,而是充满了肉体欲望和现代感觉的'生命',身体已经从'面容之美'表现走向了'躯体之力'的展现,从精神意象的呈现走向了欲望肉体的展示,身体成为肉体性、享受性和存在性的证明"③。女性的肌肤裸露、眉目传情、魅力性感都或多或少地带有了色情的成分,这就突显了海德格尔所说的由"存在"向"在"的转化,身体在此从一个大自然的作品变成了一件艺术品,并成为当代广告文化凝聚的焦点。

从某种意义上说,"女为悦己者容"的确有它的合理性,但是,如果认为女性只是为取悦男人而存在,那么女性完整的人格和存在的价值就完全被否定了。例如某洗发水广告:一个男人在看报纸,一个穿着暴露上衣的女孩向他示美,他不动声色,女孩自语:"他说这样没关系"。女孩又穿着中缝开口很高的长裙,露出性感的大腿向他展示,他仍不动声色,女孩又自语:"他说这也没关系"。再看女孩时,原先的长发变成了又短又乱的爆炸型短发,这时看报的男人勃然大怒,

---

① 保罗·梅萨里:《视觉说服——形象在广告中的作用》,王波译,新华出版社,2004年版,第29页。
② 尼古拉斯·米尔佐夫:《视觉文化导论》,倪伟译,凤凰出版传媒集团,2006年版,第202页。
③ 杰克逊·李尔斯:《丰裕的寓言——美国广告文化史》,任海龙译,上海人民出版社,2005年版,第9页。

拍案而起:"绝对不行!"于是,女孩恢复了原先的长发,经过该品牌洗发水滋养后的头发油光闪亮。女性主义理论家西蒙娜·波伏娃在《第二性》中曾说:"女性不是天生的,而是生成的,是在男性的目光中生成的。"①这则广告可谓是波伏娃这句话的经典注脚,也就是女性要以成为男性理想中的形象为自我理想。电视广告中存在大量以描写女性的脸部、胸部、臀部、大腿、S型身材等为主的广告,它们将作为一个完整的"人"的、有着独立思想和人格的女性切割成为一个充满诱惑的"零件",并伴以其自我陶醉的神态和挑逗、诱惑的目光,以暧昧的手法展现女性特有的生理特征,女性完全处于一个男性视觉文化场景中。女性成为男性的观赏对象,而不是劳动或娱乐活动中的伙伴,这就形成了一种"看"与"被看"的关系,其背后是一种主体与客体、支配与被支配的关系。"看"的男性主体处于绝对的主动地位,而"被看"的女子(风景)则是一个被动的客体。大部分有女性角色的广告都有这样一个显在的或隐在的男性主体,一双若隐若现的男性眼睛,广告上的女性就是为了取悦这个主体或这双眼睛而频抛媚眼,翘首弄姿。如某洋酒品牌广告:三位职业男性在酒吧,两位年轻男性被对面一位穿着职业装的漂亮女性所吸引,镜头中的职业女性表现出半羞涩半挑逗的表情,中年职业男性向其举杯示意,美貌的职业女性回报挑逗眼神。这个广告中女主角与酒没有任何关系,她的出现只是为了让男性鉴赏、品味——如同酒一样。即便她的穿着打扮非常职业化,但依然是男性观赏和评论的对象——相对于男性充满欲望的目光,她一身端庄的职业打扮尤其让人觉得不必要。某提包品牌的广告也如出一辙,按照常理说,内衣广告中女主角衣着暴露是可以理解的,但是销售提包的广告则不必有性诱惑的意味,很显然,这里的女性的性感身体已经远远超出了提包功能展示的需要,女性在这里被物化为观赏对象甚至是性幻想的对象。

在《启蒙辩证法》的结尾,霍克海默和阿多诺沮丧地说道:"身体被当作某种低级的东西而遭到贬责和拒绝,同时被当作人们欲望的某种被禁止的、对象化和被疏远的东西……身体不可能被重建为高贵地存在;它仍是肉体,不管它受到怎样充满活力的锻炼和保持着健康。"②即使在现代广告中,男性也始终是作为主导者、鉴赏者、品评者,"看"与"被看"其实暗含的是一种主动与被动、强势与弱势、操纵与被操纵的关系。

---

① 邵培仁:《传播学》(修订版),高等教育出版社,2007年版,第136-137页。
② Max Horkheimer and Theodor Adorno, *Dialectic of Enlightenment*, (New York: Continuum, 1986), p. 232-234.

4. 独立型的现代女性

消费社会的来临，既放大了男性和女性在文化中的不同位置，同时，也为消解男性的霸权地位提供了肥沃的土壤。尤其是近二十多年来，女性主义运动的崛起，更为女性的解放和新的女性角色的塑造提供了精神启蒙和理论基础。女性主义更像是一个反抗妇女遭受压迫和呼吁恢复妇女权利的政治运动，其核心思想是：要求与男性的平等，这些平等包括资源、机会、就业、话语权、分配、性、生育权利等方面的平等。尤其对很多从未曾在公共领域有过发言权利的妇女来说，寻求话语权就是一种反抗行为。话语权既是女性进行自我改造的一种仪式，也是女性由客体转变成为主体的一个标志。女性只有成为主体，才能拥有话语权。为了适合女权主义者的口味，广告商们创造了一个又一个与男性竞争的超级女性形象，她们争强好胜、独立自信，无论在工作还是家庭方面都是全能的，绝不表现出哪怕是一点点对男性的依赖；她们知性成熟，充满睿智，自信十足，让男人成为她的棋子……现代广告中出现了越来越多的新女性形象，这些新女性主要有三个方面的特点：首先，强势的新女性排斥并贬低男人。如国外某汽车品牌广告：一个女人驾车驰骋，车后的挡风玻璃上贴着"刚离婚"的标志，汽车风驰电掣的速度形象地阐释了新女性打破了婚姻的"枷锁"，重获自由的快乐，这个广告潜意识里流露的却是对男性的排斥和厌恶，它让我们感觉到，新女性只有脱离了男性才能真正独立、自由，才能获得真正意义上的幸福，这事实上把女权主义推向了一个极端。又如LV的广告"家——女人"以电影明星凯瑟琳·德纳芙为代言人，这一组作品都在表述同一件事——一个人的人生旅途。女人，只要在旅行的途中有了LV手袋相伴，处处都是家。它用非常感性的方式来讲述旅途，不同的人、不同的阶段，对旅途的看法都是不一样的，它用"物"（LV手袋）代替了传统男人在家中的位置。在某城市的街头，某女性用品也曾打出了"爱一个男人不如爱只狗"的广告语，这些新锐的广告以贬低男性的姿态，迎合了新女性所谓独立、平等的意识，然而它所追求的离婚和单身的生活状态从根本上是不道德和反人性的，从而成为一种臆想式的"平等"。

其次，温和的新女性不以对男性的强势和排斥为特征，而是把拥有细腻的皮肤、迷人的身段和高雅的品位作为拥有幸福、事业成功的唯一标准。在某护肤品品牌广告中，憔悴的女销售经理在使用完该护肤品后，惊讶地发现自己毛孔粗大、暗纹丛生的皮肤"变得好细腻"！这个护肤品让她在面对客户时信心十足，意气风发。另一个保健品品牌广告则以煽情的口吻说道："拥有靓丽的肌肤和丈夫如情人般的关爱，是每一个女人一生的梦想。"这个广告撕下了新女性温情的面纱,赤裸裸地宣告:女性拥有符合男性的审美标准的美丽是高于一切的,即使是新女性,也只有拥有了吸引男人的美丽才能拥有自信、爱情和升迁的机会,这种貌似"现代"的精神诉求不过是"新瓶装旧酒",它在本质上依然是传统"男尊女卑"关系的延续,也不是真正意义上的现代两性关系。

再次,还有一种和男性保持平等地位的新女性形象,它既不咄咄逼人地排斥男性,也不把女性看作是取悦男人的性感符号,而是体现了对男性霸权的抗争和对平等权利的追求。如某木地板品牌的平面广告中,美丽的女子优雅地举着酒杯,不远的地板上躺着一位衣着时尚的男子,旁边是很醒目的广告语:"好色,不只是男人的专利。"这个广告一反常态地将女性置于欣赏者的位置,而男性则成为被欣赏者,充满了颠覆意味。它在某种程度上反映了近十余年来颇为流行的"男色"经济在广告上的影响。从影视剧里的"花样美男",到现在各种五花八门的男性选秀活动,现代社会进入了"男色"时代。有的人认为这是一种耻辱,甚至指出"男性被观赏是人性的退化",也有人惊喜地认为"男色"经济的背后,是女权的张扬,是"男权"社会的末日。其实,中国"男色"的欣赏由来已久。据史料记载,在春秋战国时期,关于"男色"的案例就层出不穷。只不过中华几千年文明大多数时候是男权当道,古代的"男色"大多是男人对男人的,不是女人对男人的,也就是同性恋。古代许多绝世美男子都是皇帝的"男宠",例如卫灵公身边的弥子瑕、魏安釐王身边的龙阳君、陈文帝身边的韩子高等,在文学艺术上也出现了"男子作闺音"式的文艺创作。但即使在这样的时代,女性的地位并没有根本的提高,"男色"消费不过是那些位高权重者寻欢作乐的一种形式。现代广告中男性形象的变化,它不只是审美趣味的变化,还是整个社会的文化价值取向以及社会的一种认同变化,在某种程度上标志着社会开始走向两性关系更加成熟、平等的文明状态。某男装品牌的广告也给我们提供了类似的一个范本。在这则广告中,随着女性视角的变化,广告男主角成为始终被关注、被欣赏的角色,而欣赏者是一个年轻的女孩。这个广告充满异域风情的特色,人物形象阳光而有味道。该品牌服装的魅力,一方面由广告男主角自信的笑容、稳健的步伐来演绎,另一方面由陌生女孩欣赏的笑容来诠释,整个画面显得很有张力,不愧是广告的精品之作。这类新女性往往在男权的观念面前表现出一种支持、欣赏的姿态,但又不像第一种新女性那样高傲、冷漠和强势,而是倾向于在男女平等的前提下重构新型的社会关系。

第二节　广告中女性形象的成因

在现实中,似乎财富和消费行为都是男性主导的。然而事实上是,85%的消费、购买行为都是女性完成的。詹姆斯·柯林斯认为,"一般而言,女人是男人可有可无的助手,从聪明广告人的角度来看,女人则是女王,是掌管着一切财政支出的统治者"[①]。在现代广告中,女性的频繁出场与女性作为一个精神主体、人格主体的缺失往往形成一个鲜明的对比,女性形象在广告中被对象化为商品性能的代言符号,这是消费文化隐藏着的男性视觉运作的产物,男性借助现代媒介暗中实施着对女性身体的规训和控制,造成了两性关系之间的"微政治"。广告中女性形象形成的原因很多,西方社会性别学者已经尝试着用不同的方法来诠释媒介中存在的各种性别问题。Van Zoonen 提出了关于"性别架构"意义的问题,她认为这个"性别架构"存在四个层次,即个人方面的、专业方面的、组织方面的和制度方面的,对我们也非常具有启发意义。

1. 传统性别观念的影响

在我国某些地区,"男主外女主内"的传统和两性关系模式依然占据着主导地位,男为天、女为地,男主外、女主内等男尊女卑的观念依然盛行,在这个父权制蒂固根深的社会环境中,女性无法逃脱所谓"第二性"的身份。正如这些古语所描述的,女性自古便被男权文化制定出来的种种封建礼教所规范和控制,洗衣、做饭、打扫卫生、养育孩子等大量的家务劳动都是由女性在承担。男性为工作、为事业整天在外忙碌,女性为丈夫、为孩子在家辛劳。电视媒介受到社会性别陈规框架的影响,陷入了对女性形象的定义错误,在广告创作和传播过程中存在着很多性别偏见。于是,我们在电视广告中看到女性形象被类型化、模式化,女性在广告中忙碌于洗衣机前、煤气灶前、菜市场上;我们听到的是"早一支,晚一支,妈妈做饭我爱吃"(某口服液广告),"某某洗衣机,献给母亲的爱"(某洗衣机广告),"没有油烟味,只有女人味"(某抽油烟机广告)……广告中性别不平等的角色模式化,仿佛在暗示着女性是当然的家务劳动者,男性则是家务劳动的享受者。换句话说,电视广告中的女性形象是一些被权力主体过滤出来的产物,一方面承载了传统文化对女性的种种陈规戒律,另一方面经过大众传媒的一番耳

[①] 杰克逊·李尔斯:《丰裕的寓言——美国广告文化史》,任海龙译,上海人民出版社,2005年版,第152页。

濡目染和狂轰滥炸，久而久之，导致受众产生种种误解进而逐渐内化成一种思维习惯。

女性不仅是屏幕上的"视觉中心"，也是屏幕下的收视中心，女性对观赏肥皂剧、娱乐节目、电影的嗜好和利用电视消磨时间的概率要大大高于男性。广告见缝插针、潜移默化地出现在这些节目的缝隙之中，所以女性也可以说是广告最大的收视和影响群体。当众多的广告共同形成一种社会氛围和综合图像时，女性的形象就被塑造成了一个系统的、有预谋的系列：女性应该尽可能美丽，尽可能温柔顺从，对他人体贴入微，回家之后应该洗衣做饭，在家里家外忙完后还要美容养颜。现代广告倡导的主题就是：对潮流的追逐就是对美的追逐，对时尚的追逐就是对幸福的追逐。在这种新女性的群像中，许多普通的女性为了保持魅力，浪费时间和金钱，疲于奔命地应付各种时尚，而那些沉溺消费、傍依大款的年轻女性是其最直接的牺牲品。有些粗制滥造的广告把几千年来女性"三从四德"的美德"发扬光大"，并运用多媒体进行了现代包装和展示。然而，这并非现实。现代女子大多是能不进厨房就不进厨房，尽管现代厨房实现了电子化、家电一体化、智能化，但还是无法避免烟熏火燎的侵袭，这无论对女性的健康，还是对女性的美丽，都是一种避之不及的威胁。广告以男权意识作为话语操纵的标尺，以文化传统和男女有别作为借口，使人们麻醉在这种漠视现实的辛苦、怀抱虚幻憧憬的幸福和快乐中。在这类广告中还包含这样的暗示：男人只需要忙好外面的工作，而女人，在干好外面工作的同时，还要安排好家里的一切。这意味着，男权社会管理式的职业观念已经渗入原来女性专属的领地中去，尤其是厨房。家庭不是女性逃离外部世界的避风港，正相反，家庭要像现代工厂一样井然有序，并且按照外部世界的管理模式运行。现代某些广告似乎在宣扬一种新的观念，但实质上新观念包裹的还是那些陈腐意识。从传统三从四德、相夫教子的"贤妻良母"，到现代性感美丽、温柔知性的新女性，女性唯一的变化是从幕后走到了台前，而"始终不渝"地是作为"第二性"角色的延续。

2. 扩大市场的需要

广告首先是一种商业行为，这种行为规定了广告的目的是为了推销商品，拥有更高的市场占有率。首先，以女性形象美来强化对受众的视觉冲击力，吸引受众注意，有利于增强广告的传播效果。广告的技巧成百上千，然而有一种技巧永不过时，那就是选择一位合适的广告女郎。女性在现代广告中占据着"视觉中心"的地位。女性成为视觉中心，有两个因素：一是从生物学的角度看，人的视觉天生就具有一种寻求差异化、跳跃性、层次感的审美倾向，女性身体本身的曲线和柔韧性都是男性身体所不及的,相对于男性身体无疑更具有可观赏性。女性形体轮廓的主要特点呈现为许多弧度大小不等的曲线的多样变化与柔和平滑的过渡形成的和谐统一。线条柔和、流畅、圆润、多变,富于弹性和质感,洋溢着和谐的美。二是从社会学的角度看,人类进入文明时期以后,女性一直在社会上处于弱势地位,在男权中心主义文化中,女性被边缘化了,女性的身体也成为男性的一种"欲望的展示",成为男性性意识的物质化存在形态,因此,历史上,对女性身体的描绘和赞颂远远多于男性。现代广告很大程度上是为女性服务的,女性成为图像时代的主宰,一方面,彰显着女性的解放和女性身体的魅力。女性作为一种很重要的审美对象,自有其特殊的魅力,当人们在广告画面中看到一个风姿绰约的女性,谁都想多看几眼。女性美的形象运用于广告上,满足了人们的情感需要和审美心理,能有效地吸引受众的目光,激发受众的购买行为,并能增强广告作品的感染力。在化妆品、女装、手表首饰、葡萄酒等广告中,女性显得特别妩媚、娇柔,不是明眸、红唇、白肌、靓发、细腰,就是充满自信、面带微笑……然而,我们仔细思考便不难发现,这种时尚气息十足的审美倾向从一开始就是以女性自身形象的"异化"为导火线的。女性的美丽,常常是要以"牺牲"为代价的,然而,这种"牺牲"如果是违反人性、违背自然、损害健康的话,那么,这种"牺牲"就不再是一种进步,而是异化和变态。过去我们为缠足束胸的变态和非人性而愤怒,可是在过去某一段时间缠足束胸也是一种时尚美;今天我们在为美容整形、减肥、抽脂技术的进步而欢呼,殊不知这其实是女性的又一次对自身的"异化"。在今天各种各样的化妆品、内衣广告中,女性的形象已经发生了扭曲,她们不再是"巧笑倩兮,美目盼兮",不再是"闭月羞花,沉鱼落雁",而是碎片化了,妖娆的身躯、诱惑的双眼、性感的红唇在屏幕上飞舞,却唯独不见一个完整的女性形象,不见独立的女性精神。广告旨在促使妇女更加关心自己给别人留下的印象,关心自己是否性感、合乎潮流,而不注重自己面对的现实困境和需要,不注意自己内心深处的思绪和感受,从而根本上忽略了自己真正独立的人格和精神。另一方面,女性成为广告的主角也显示了在男权社会中,女性始终是处于一种"被观看"的边缘角色。摄像机以男性视角为基准,分离刻画女性身体的各个部分,用部分肢体替代整体。以某丝袜品牌的广告片为例:画面开始,一位穿着超短裙的年轻女郎手拎购物袋,优雅自信地从几位男士身边走过,引起他们回头凝望。在扩大了的男士的瞳仁中反射出女郎婀娜性感的背影。女郎似乎也注意到他人的注视,跨入跑车时对观众露出盈盈笑意。整个广告由男性声音解说。这则广告虽以女性为中心,但丝袜品牌广告中瞳仁的特写镜头显示了女性的"被看"地位。

女性成为男人欲望的对象,甚至成为消费的商品和享乐的工具,这就是女权主义者所洞见出的一种"看"与"被看"的权力关系。广告意在传达这样的信息:女性的魅力,只有通过男性来赋予,仿佛女性的存在是为了满足男性的窥看欲,男性是旁观者、鉴赏者、品论者,背景中的男性配音强化了这种操纵关系。很多广告中虽未直接出现男性的注视,但暗示了隐形的男性窥看者——摄影师和观众。她们都"意识到了她们对别人的吸引和对别人的依赖。她们含有'需要被观看'的性质,等待别人赞赏或到来。她们道出观者的缺席,而且把女人定义为不完善。同时,引诱、招呼、挑逗和渴望着不在场的男性"。广告中从男性角度出发,把女性描绘成被观看的对象的手法,否定了女性的行为能力和主观性,她们被迫屈就于男性的目光与需求。玛丽莲·麦克凯迪曾作出类似的评论:"MTV 中最普遍的主题就是着装极少的女性被男性所拍摄,她们的身体被摄影机所分割,说明女性可作为物品被注视。"在以上丝袜品牌另一则广告中,女主角并未全身出现,只有穿着丝袜的双腿和商品品牌被反复强调,类似图景还多见于其他产品,如浴液及化妆品的广告中。

  此类的广告创意可谓不胜枚举。在出现的很多酒类广告中,都是"酒""色"并行,往往是一身材窈窕的女人端着"某某酒"袅娜地走向酒桌上的男人,对女性纤柔的手、丰腴的胸、鲜明的曲线等特写成为此类广告乐此不疲的表达,女性身体的各部分——眼、唇、面部、手臂、腿部、背部等——从整个身体游离出来,成为不相连的散乱碎片。女权主义/男权主义是一种价值取向,即使有男性形象,女性也大多是处于被动、依附的地位,"一个典型的例子是:在广告中,男性通常是理性、权威的公共领域的活动者,女性则通常是感性、附和男性的家务工作者"[①]。性别歧视在广告中极其普遍,女性的角色被定位在家庭、厨房等位置,其最大的价值在体现美丽、温顺、性感上,在生活中处于被男性保护、指导和帮助的地位,正如米切尔·舒德森所言,"妇女被描绘成从属于男人,像孩子一样可爱和依赖于他人"[②]。她们很少在科技、社会事务上展示智慧,而男性则是广告世界的主宰,是开拓者、领导者,是成功的英雄,也是高科技精英。

  广告提供的不少信息可能会打破女性原有的经验和理性原则,使她们不再以现实生活中已有的体验和经验去思考,去决定是与非,而只考虑"有"还是"没

[①] 刘伯红、卜卫:《我国电视广告中女性形象的研究报告》,《新闻与传播研究》,1997 年第 1 期,第 55 页。

[②] 米切尔·舒德森:《广告,艰难的说服——广告对美国社会影响的不确定性》,陈安全译,华夏出版社,2003 年版,第 132 页。

有"。一个女性可能在消费商品的过程中(无论是否真的需要)获得快乐和满足,并以此作为被丈夫冷落、精神孤独、事业受挫等方面的情感失落的补偿。在消费的食物链中,他们是"被消费者",是这个商品流通环节中的终端。在广告中,女性始终是被消费的、等待的、被注视的,也是作为被解构和异化的美的形象而存在。人们在潜意识中受到历史传统思想的影响而存在传统的角色定型。现在女性角色回归传统的趋势已成为广告中角色定型或模式化的社会基础,并演化为广告制作者的自觉追求。广告制作者要达到销售的目的,就必须激活受众的心理需求,这种心理需求又有其传统基础:男人需要一个好妻子,女人需要漂亮的容颜和身材。于是,女性角色被刻板地定型在广告中,这是一个恶性循环。如果受众普遍存在这样的心理需求,广告创意者为了实现其销售目标,就必然首先售卖角色模式,模式的刻板化进一步强化了受众传统的刻板观念,反过来导致广告创作使用更多的女性刻板形象,以致女性形象的刻板化成为商家下意识的行为。其结果是女性在广告中成为一个卖点,成为促销的手段。

3. 女性主体意识的缺席

在近代,由于受到西方女性主义思潮和规模庞大的妇女解放运动影响,女性无论在身体和思想上都在一定程度上打破了封建礼教的束缚,她们的自主意识、社会地位有了显著的提高。然而,她们却无法从根本上摆脱"第二性"的位置,在男权思想的控制下,即使有着良好的教育背景和出色的能力,她们也"天然"地认识到自己是附属于男性的,大学校园里争论已久的"学得好不如嫁得好"的问题就充分说明了这一点。女性的集体无意识就表现为她们依然在用自己的身体迎合着观看者的目光,自觉地把自己置于被关注、被保护的位置。在她们的性别意识中,男性始终是高大、洒脱和机智的,而女性则应是娇弱、敏感和珍贵的,女性一直是通过符合男性眼中的美而得到重视和呵护。正如沃斯通克拉夫特所言:"除了少数,在她们应该怀有一种更高尚的抱负,并用她们的才能和美德争得尊敬的时候,却一心一意想激起别人的爱怜。"电视媒介通过传播诸如"男人征服世界,女人征服男人"等不平等的话语逻辑来深化女性的这种集体无意识。

广告中的女性形象可简单分为实用功能和审美倾向两种。从实用功能的角度看,很多广告都是在强化、巩固妇女的从属地位,把女性塑造成符合父权/男性秩序的依附者,例如洗衣机、厨房用品的广告,妇女总是一身主妇打扮,苦不堪言;而男性则提供问题的解决方案,他们要么搬来更先进的机器,或买来更可口的调料,或找到消除油污更有效的方法,结果无一例外,最后都是由女性来实践和完成这一过程。在社会中占主流话语的男权思想无孔不入地渗透到广告活动的每一个细节里,广告设计者借用色彩、摄影视角、镜头剪接等美化手段,制作虚构的广告场面,以强烈的视觉冲击力,满足了受众的视觉享受;广告"秘授"讨得男人喜欢的诀窍,大肆鼓动女性为家人去学烹调,为了家庭的幸福去美容。古代妇女因为三从四德而恪守礼教,现代广告中的妇女同样周旋于奶粉、厨具、食品、家用电器之中,而且还要展现很开心很享受的样子——一位母亲为孩子调配可口的饮料,一位精心装扮过的妻子在烟雾弥漫的厨房忙碌,一位身材妙曼的女子哼着小曲洗衣,一位身着职业套装的女子伺候着老人……她们愉快地做着家务,毫无倦意和厌烦,同时还要给予丈夫绝对的无微不至的关爱。

现代广告往往以男性在场言说/女性缺席、缄默的强制性模式把女性放逐到边缘的位置。女性常常处于被意义不明的符号、物化的形象所代表界定的地位。如某男装品牌的广告:一个身材妙曼的女性在身着男装的男性身上翩然起舞,女性有赵飞燕般的轻盈,衬托出男性的伟岸和挺拔。这则广告画面之精美,确实有一些艺术的味道。在这个广告中,女性看起来是这个男装广告中的主角,但实际上女性始终是处于被注视、被征服的地位,男性视角很明显,带有朦胧的色情意味。或者说,她不过是男性魅力的诠释者。似乎,在她的背后,有一只无形的手在操控,她的舞蹈不过是作为陪衬。

事实上,女性是与男性完全平等的文化主体,而且有自己独特的文化身份,电视广告中女性形象应该在女性文化身份的表达和塑造方面发挥重要的作用。广告对女性形象外在性感和社会身份差异的过度表现,会伤害女性内在的文化差异,使得女性的集体无意识更加强化,也造成了电视广告中女性形象的模式化、单一化。广告中的两性关系虽然是一种"虚构性"的关系,但这些女性形象并非是"无中生有",而是极为真实地反映了我们社会生活的一个剖面,它不过是把我们看起来习以为常的东西典型化、仪式化了。在无奇不有的创新和令人耳晕目眩的创意里,广告减少了人们独立思考的时间和自我选择的机会,也促使女性逐渐失去了原有的个性和自律的主体性。

第三节 女性形象的异化与重塑

著名美国历史学家思科特提出了"社会性别"区分于"自然性别"的理论。所谓的"自然性别"是纯粹从生物学的角度区分男女天生的生理差别,而"社会性别"则是基于可见的性别差异之上的社会关系的构成要素,是表示权力关系的一种方式,女性被动地"处于以男性视角塑造女性形象"的地位①。福柯通过性来探讨社会权力与话语、知识之间的关系。权力的运作可以导致权力变更的知识转型机制②,也就是说"社会性别"是由于男女生理上的差异而强加给他们的不同的期望、要求与限制,比如男人刚强,女人温柔。在传统观念中,"贤妻良母"仍是理想和完美的女性所应具备的基本特征。广告中这种传统的女性性别角色特征,一方面,来自现实生活中存在的男权中心观念对女性的期望和控制,是传统男权的女性价值尺度在广告中的折射;另一方面,它又作为一种文化现象长存于人类的历史长河之中,逐渐成为人类的常规文化心理。人们通常认为,传媒形象"真实""直接"地表现了现实。而社会性别理论则指出,媒介中这些形象不可避免地经过了男权文化的过滤,以表现男权文化对女性的期待。几千年来,男权主义的统治和奴役导致了女性自主意识的失落和泯灭,造成了在男权文化构造中女性自我的空洞化,"所谓女权意识,概括地说就是一种受害者意识,即意识到社会权力分配的不公平,意识到自己是这种不公平的受害者"③。由此,我们可以认为,电视广告中出现的女性形象,完全是在一个庞大的社会性别共识的背景下运作的结果——"她"是已经被赋予了各种各样社会文化含义和价值观念的复杂的综合体。

1. 女性形象的物化

1996 年,联合国在《消除妇女在大众传媒中的成见》报告中指出,在商业媒体环境中,女性代表着一个重要的市场,女性形象已经成为市场中可盈利的商品,"如果仅仅只是想赢得尊重女性的好名声,还不足以使得后女权主义在广告界成为一种流行,广告从来都是用唯金钱是从的势利眼来挑剔地选择它的消费者"④。女性和商品之间的这种紧密联系并不是现代社会才有的,情色化的身体和商品本身都有奇观的属性。然而在消费社会,女人和商品之间的联系是一种性别和资本的结盟,而不仅仅是一种文学化的类比——它们都必须在市场上出售自己,而成为一个没有历史背景的能指化符号。麦克卢汉认为,"过去的广告公司分割处理的女性的身体仅限于大腿;如今,在不同程度上,它们利用女性身体的方式已经从腿部延伸到身体的各个部分。一辆车加上一双精致的袜子,这

---

① 刘悦笛:《生活中的美学》,清华大学出版社,2011 年版,第 172 页。
② 福柯:《性史》,姬旭升译,青海人民出版社,1999 年版,第 7 页。
③ 李银河:《女性主义》,山东人民出版社,2005 年版,第 25 页。
④ 龚铁白:《卫生巾、女人及其他——后女权主义的影响与广告创意方向》,《广告大观》,2004 年第 5 期,第 45 页。

被认为是幸福加成功的公式,对男性女性都是一样的。诸如此类的广告不仅表现了性与人的分离,表现了性与人体这个统一体的分离,而且还鼓励这样的趋势"[1]。在现代广告中,女性的形象作为一种极具诱惑性的符号,也以一种躁动不安的物化的方式普遍存在。

海德格尔指出,用物质化的方式展现事物,把存在者降格为单纯的材料,最不相同的存在领域被千篇一律化,因此事物所享有的独特意义和作用都被否决了,"广告业设法使色情形象成为主流,并使民众变得麻木不仁以接受广告给妇女带来的屈辱。讲到色情形象,我的意思是指把女性特征当作可出售的商品加以利用"[2]。广告把某些商品的享用看成幸福的标志,有这样一则汽车广告:一款靓丽的汽车停在一座别墅前,车门打开,女性的纤纤玉腿缓缓伸出,一位摩登女郎下车,靠在车边左右流连,随着远处的男性的目光,镜头从女性的脸部开始,对女性的手、胸部、腿部进行了特写,男性话外音响起:"某某车,有此一生,别无所求。"在这里,女性的身体表现成了吸引男性注意的聚焦点,同时女人在这则广告里成为同汽车、别墅等物品相仿的男人成功的标志物。幸福由心灵、情感的体验变成了一种感性的商品展示方式、一种通过买卖关系可以实现和拥有的量化指标。女人被当作物、商品,映衬着男人的主体地位与存在,也就是说,女性常常处于被意义不明的符号、物化了的形象所代表与界定的地位,在男性/女性二元对立中处于劣势而被压在社会的底层。在大多数广告中,女性常常是广告舞台上活跃的角色,她们常常是处于被观看的地位,这是从男性的视角出发的:拥有商品就意味着拥有成功,拥有漂亮的女人以及实现其他欲望的可能。某钻石品牌的广告就是这方面的一个经典案例。风姿绰约的女子戴上熠熠闪光的钻石在镜子前自我欣赏,她陶醉于自己的美丽,"都是钻石惹的祸,看自己也会上瘾",一语道破天机——女性具有无止境追逐物欲的天性,她们常常陶醉于得到物质后的自我欣赏与陶醉中。女子在物欲的满足中陶醉,而男性也在对女性的对象化欣赏中饱尝性感的饕餮,钻石在这里成为吸引异性的物质筹码。该钻石品牌的另一个广告也将这种物质化指向表露无遗,一对热恋中的男女在店内谈情说爱,一位脖子上戴着漂亮钻石的姑娘从窗外飘过,男士两眼直勾勾地盯着钻石,令一旁的女友非常吃醋,她用手在男友眼前晃动试图把男友从想入非非中拉回来,然而男士却沉醉于梦幻中,女友于是愤而离席,这时广告语

---

[1] 马歇尔·麦克卢汉:《机器新娘——工业人的民俗》,何道宽译,中国人民大学出版社,2004 年版,第 190 页。

[2] 詹姆斯·特威切尔:《美国的广告》,屈晓丽译,凤凰出版传媒集团,2006 年版,第 204 页。

呈现:"都是钻石惹的祸。"

在这个故事中,钻石成为一个关键角色出现,它吸引了受众的目光,因为钻石迷人的魅力,热恋中的男人甚至弃女友而不顾——它比热恋中的女友更有魅力,"身体作为消费主义建构而成的一种物品,又成为女性文化中的一个重要因素,被改变,被出售"①。广告促进了身体的商品化和市场化,从而将物的价值抬高到无以复加的地步。

一些广告还以"阔老+美女"的组合出现,广告中的阔老往往是志得意满,一副"钻石王老五"的形象,而美女绝对不是家庭主妇或职业女性,她们娇柔可爱,小鸟依人,衣食无忧,这实质上是一种赤裸裸的性别歧视和腐朽男权封建意识的"复辟"。这是传统的"英雄+美女"的现代改造,只不过传统的有血有肉、有情有义、顶天立地、为国为民的英雄成为市场经济中的财富"英雄"。

不仅女性的身体成为一种物化的存在,就连女性的情感,也在广告中蜕变为物质的消费系数。很多广告没有时空和背景,没有过多的解释,只有消费,以及由消费而得来的质量,这就是爱情的前提和保证。广告把某类商品的购买看成是解决家庭矛盾的"灵丹妙药",过度夸大了商品对爱情、婚姻的影响程度,描述的婚姻状况往往与事实有较大出入,其目的是试图奴化女性受众。服饰和化妆品广告占据了广告市场的半壁江山,以前是"千金难买美人笑",现在可是"女子千金难买男人一笑"。只要付出千金,购得此服饰,优美的身材令男人眼前一亮;或重金购得化妆品,一抹之后"化腐朽为神奇",原先冷淡的夫妻关系转危为安……女强人这个角色开始在广告中频频出现,尤其是一些减肥产品、保健品、化妆品广告中。我们稍加注意就会发现,女强人在这些广告中的形象,并非是彰显他们在家庭之外的生活意义,而是显示他们作为一个女人的苦恼:太胖了没人喜欢,过度疲劳脸上长雀斑,休息不好身材走形……而女强人重新获得新生、找到生活意义的途径就是消费。

即使是女强人,在男性的话语权面前,依然是处于弱势的地位。女强人的生活意义,不是完全由她们自己决定;女强人的价值,也不完全由她们的能力、社会事业而得以肯定,她们最终仍要通过男性、通过家庭来实现其生活价值和意义。不消费,他们就会失去男人的欣赏,从而失掉幸福,单身是她们的命运及生存模式。这些广告都力图告诉我们:家庭,是女性的中心,女性不可以远离家庭,更不能选择独身来发展真正的自我及主体性的人格。广告把女人塑造为男人的镜

---

① 毛崇杰:《后现代美学转向》,《杭州师范学院学报(社科版)》,2004 年第 6 期,第 35 页。

子,"有那种不可思议、奇妙的力量,能把男人的影子反照成原来的两倍大"。女人是男人视野中的审美客体,也是男人审美理想的反映。从一些汽车广告、移动电话广告、皮鞋广告、售楼广告、服装广告、洋酒广告、牙膏广告等生活用品的广告中,广告的叙事时常或明或暗地对受众有这样的暗示:一旦拥有这些商品,他们还将拥有美丽的女郎,拥有爱情。这些商品大到汽车、别墅,小到一块口香糖、一瓶可乐,涉及生活的方方面面,理想的生活、浪漫的爱情就这样被广告无形地设计成了一个个"范式",它在拥有汽车和拥抱自我、独立人格之间画上等号,在购买豪宅和拥有幸福之间画上等号。广告以它貌似动人的画面和音乐似乎告诉我们,或"拥有商品=拥有爱情"在生活的大多数情况下是可以成立的,"通过类像在商品与人类无意识欲望之间建立虚幻的联系是广告成功地'欺骗'观众的根本原因"[①]。对女权主义而言,这些广告的男性视角显然包含着对女性的歧视——女性与商品相提并论,女性是男性的陪衬。这些广告暧昧地塑造着人们的未来,加入人们想象生活的蓝图,开发人们的潜在欲望,影响人们看待种种现象的立场和视角。

不仅人沦为物,情感也可以用物质来表现和衡量。在某牛奶品牌"亲情篇"的广告中,一个小孩子在学校和同学们玩耍,广播响起:某某小朋友,你的妈妈来看你,带了两瓶××牛奶。一个女同学大叫:"某某,你的妈妈好爱你啊!"爱,在这里因为两瓶牛奶而得到升华。在同学们的一片羡慕声中,某某小朋友泪如雨下,飞奔向妈妈的怀抱……在这里,我们可以不从逻辑上追问上课时间学校是否允许父母随时探望孩子并送吃送喝,我们在情理上也可以忽略在经济高速发展、生活水准大幅提高、牛奶已不是稀罕之物的今天,孩子们何以如此容易满足和感动,单是就这样的一个广告本身,它说明了什么?它向我们暗示了什么?这个广告的意涵折射出我们所面对的社会问题和家庭问题,很多这类泛滥到让人讨厌的模式化"创意"中,我们可以很清楚地看到,广告在使人的情感物化、转变人的情感表达方式方面起到了重大和潜移默化的作用。

2. 女性形象的欲望化

在传统意象中,女性代表美好、和平、温柔和魅力,她们的形象总是被挪用做商品性质的隐喻,大家都不愿意冒风险打破这个比喻关系。在生活节奏加快、竞争日趋激烈的现代社会,通常我们投向广告的一瞥也只不过数秒钟,在这种情况

[①] 陶东风:《广告的文化解读》,载金元浦主编《文化研究:理论与实践》,河南大学出版社,2004年版,第275页。

下，广告商必须在这一瞬间比拼，这种传统的意象也屡屡被打破。正像诺基亚广告所说的"谁出位我就爱谁"，谁更性感，谁更出位，谁就能吸引更多的眼光。当然，利用女性形象甚至女性意象做广告，现代人并不是始作俑者。汉代司马相如让卓文君当垆卖酒，就是拿美人做广告招牌的先例，这也是以男性为中心的社会中普遍存在的社会现象，这类以女性作为欲望隐喻的广告根本上不过是"男性主体身份的成熟和对女性客体地位的确认"①。如某啤酒品牌的广告，女性就充当了一个性诱惑者的角色。一位穿着该啤酒品牌商标制服的司机，正驾驶着送货的卡车在路上。忽然，路旁冲出一头牛，司机赶紧扭转方向盘躲开了牛的袭击；紧接着，路旁又有两位男子大声叫喊着索要啤酒，司机没有理会他们；这个时候，一辆坐着三个姑娘的敞篷车开着音乐从旁边驶过，姑娘们热情地招呼："你好！"司机有些受宠若惊地和她们挥挥手。这时一个姑娘喊："跟我们来！"司机有些犹豫，另一个姑娘喊："跟紧点哦！"司机糊里糊涂地跟着她们驶入了一条岔道，这时挡风玻璃上跳出醒目的字样："失败！"驾驶室响起了警报声。画面上出现了拿着测试单、一直坐在副驾驶位上的考官摇头的场景："太糟糕了！"司机懊悔不已。在这个广告中，女性就如同《西游记》中勾引唐僧的蝎子精，与蝎子精不同的是，她成功诱使司机犯下了错误，受到了惩罚。这个广告在女性和"犯错"之间建立了明确的、非叙事性的联系，女性成为欲望的代言人。

一些广告给所有视觉和听觉的对象公然谱上性的颤音，英国评论家约翰·伯格在《观看的方式》中指出："女性自身的观察者是男性，即被观察者是女性，这样她将自身转化为一个客体，尤其是转化为一个视觉的客体，即一种情景。"这种"看/被看"的模式不仅让女性成为男性目光中的审美对象、观赏对象，甚至成为男性欲望的投射对象。

大多数女性的广告都有这样或那样的潜在的男性主体，他也许不在屏幕上出现，但并非不在场，广告上的女子为了取悦这个主体而大抛媚眼、搔首弄姿，男性是缺席的审判者。"看/被看"的模式把男性本位的意识、价值趋向和审美趣味巧妙地内化到女性看待自身的视线中去，也就是女性去看被男性看到的自己。这样，符合男性欣赏标准的女性就成为社会的女性美标准，并且不断地改造女性的审美观和对自身的定位。广告依照男性的价值和欲望对女性进行塑造，抑制女性奋斗进取的思想而安于打扮，讨得男人的欢心，做标准的贤妻良母，使他们

---

① 叶舒宪:《高唐女神与维纳斯》，中国社会科学出版社，1997年版，第314页。

安于"第二性"的地位。如某内衣广告通过拍摄的视角,将矛头直接指向裸露的身体部位,带有鲜明的指向性。

这些内衣广告危险地操纵了年轻人的"冲动和幻觉",不仅激起了消费者的想象,而且在年轻人中制造不安和犯罪感。这是一种虚假的欲望战略,一种重新发现身体的渴望,使得身体浸泡在一个处于全面掺假的符号之下,身体的全面解放,表征着从消费到日常生活实践,完成了对传统社会伦理价值观念的全面破坏和颠覆。鲍德里亚认为,"性欲是消费社会的'头等大事',它从多个方面不可思议地决定着大众传播的整个意义领域。一切给人看和给人听的东西,都公然地被谱上性的颤音。一切给人消费的东西都染上了性暴露癖。在这个过程中起作用的,仍是那种我们在谈论青年与反抗、女性与性欲时所揭示的操作机制:在越来越按照商业化并工业化了的物品及信息来评估性欲的同时,物品及信息偏离了它们的客观合理性,而性欲亦偏离了其膨胀的合目的性。就这样,社会与性的变化正在为得到实现而开辟道路,而'文化'及广告的色情即是这些道路的实验地①。在这种观念的主导下,一些恶俗广告层出不穷:

某啤酒品牌的广告词:想干就干!一个美女妩媚地笑着:"大家都想……"然后一个彪形大汉跳出:"想干就干!"以性诱惑和露骨的性挑逗完成广告的诉求。

"你愿意和我睡觉吗?"这是美国一家生产床垫的公司的广告语,看到这句话的第一眼,它就让人从无数个还在贩卖"人的一生有1/3时间在睡觉"科学论断的床褥中跳了出来,连这种最缺乏线条的东西也可以说得那么性感,还有什么不能卖性感了呢?

在某洋酒品牌的广告里,一个气宇轩昂的老男人身边,坐着一位妖艳美女,时不时抛个媚眼过来,让你沮丧地体会"不得不承认,人生有时不公平"。而另一洋酒品牌则更露骨,凹凸有致的瓶身正好对应了旁边那个婀娜的女性身体,恰好满足了无限男人的欲望。

不少网络广告也被贴上了欲望化、"性暗示"的标签,习惯于利用语意双关来制造含混、暧昧的语境。一家以男性为定位的网站开宗明义地提出"是男人就上""做一个正版的男人",另一网站提出了一个响亮的口号:"上我一次,终生难忘。"其格调令人堪忧。

当然,也有一些广告则独辟蹊径,用一种更为高明、更为含蓄的表现手法传

---

① 让·鲍德里亚:《消费社会》,刘成富、全志钢译,南京大学出版社,2000年版,第158—159页。

递出令人回味无穷的信息。如某安全套品牌的广告:两只在野外相遇的兔子"一见钟情",它们相继跑到洞内寻欢,洞口一阵尘土飞扬,最后字幕浮现:忘情时刻,勿忘安全。这个广告的商品本身就是性用品,兔子具有鲜明的视觉冲击力,也是一种性符号的象征,但整个广告却没有常见的那种庸俗粗暴、情色暧昧的场景,而是表达婉约,诉求准确,生动有趣,给人留下了深刻的印象。某卫生巾品牌的广告更是令人耳目一新:一位女士化妆完毕准备出门参加晚宴,就在转身离开梳妆台的时候,小猫把一瓶香水踢翻了,瓶中的液体缓缓流淌到桌上。慌乱间,女士抽出桌边的一小片东西往桌上一贴,液体立即被吸尽。当女士想把吸在片状物中的香水重新挤回瓶里时,却连一滴也无法挤出来。望着只剩半瓶的昂贵香水,女士无奈地摇摇头,走出了门。画面一黑,出现一行醒目的文字:××牌卫生巾。同样是卫生巾的广告,这个广告没有艳丽的女人挤眉弄眼,故作神秘,甚至没有女主角的正面镜头,但该卫生巾吸收性强等功能特点,通过卫生巾对香水的一吸、一挤,优雅而准确地传达了出来,整个广告生动有趣,意味深长。可见,广告的美感,是要通过超凡的创意、有趣的情节、含蓄的形象呈现来营造的,而不能只靠出位的广告词、露骨的欲望暗示。

3. 女性形象的暴力化倾向

近现代以来,女人逐渐在政治、经济、法律上拥有了与男人同样的权利。在广告中我们经常可以看到,一位妇女一手拿着公文包,一手拉着孩子,面带微笑,充满自信,给人一种可以轻松自如地独立应付生活中的一切事务的感觉。这就是女权主义运动在广告中的一个侧面,也是广告为女权主义运动塑造的一个神话:女人是万能的,没有男人照样会生活得很好,甚至更好。这些超级女性除了独立好强外,还勇武有力,随时可以把男人踩在脚下,广告中"野蛮女友"的形象也是由此而来。这类广告往往情节简单直接,情感粗暴粗俗,广告中的女性暴戾、凶悍,试图让男人百依百顺,俯首称臣。例如某洗厕精的广告中,因为丈夫去晚了一步,没有买回洗厕精,妻子就逼着他用手清洗厕所。丈夫边干边感叹:明天一定要把洗厕精买回来,不然就要用手洗厕所。在某国际明星代言的饮料广告中,冰箱里只有一瓶饮料了,女主人公原以为男友会把饮料让给自己,谁知男友却独自享用起来。女主人公气急败坏之下,一脚把男友从窗户踢了出去,然后夺过饮料美美地品尝起来。某通信产品的广告中,女主人公给男友打电话,谁知信号不好,男友没有接通,事后男友知道自己错了,买来鲜花赔礼道歉。可女主人公毫不领情,在盛怒之下将鲜花扔在地上,用脚踩得粉碎,头也不回地走了。男友痛哭流涕,后悔自己当初没有选择信号更好的该品牌通信产品,以至于失去爱人。在某摩托车品牌的广告中,女主人公要求男友必须在一个小时内赶来见面,否则后果自负。男友忙于工作,好不容易抽出时间来,谁知摩托车在路上坏了。等男友最终赶到时,已经超出了规定的时间。男友刚想解释,女主人公甩来一记大耳光,大摇大摆地走了,只剩下男友痛不欲生,后悔当初没有买性能更好的该品牌摩托车。

  类似充满暴力女性形象的广告屡见不鲜。这种"女性复兴"之风伴随着女权主义运动在广告界蔓延开来,创意者想通过女主人公的愤怒甚至发泄以及男主人公的无奈、后悔这种极大的反差,来突出某种产品的重要性、优越性。这种手法可能因为其夸张的效果会吸引部分消费者,但却不合常理,把女性与暴力联系在一起,把物的消费当作情感问题解决的有效方式,更是对女性的一种歧视和扭曲。这类广告有两个特点:一是广告中的女性都年轻、漂亮却粗俗、蛮横,崇尚通过胡搅蛮缠和暴力解决问题,这是对漂亮女性形象的歪曲;二是广告中的男性大多温柔、体贴、善解人意而又懦弱、猥琐,只知道用物质来获得女性的青睐,这也是对男性的误解。试想一下,丈夫没有买回洗厕精,大不了明天再洗,妻子却逼着丈夫用手洗,这样的妻子分明有虐待倾向,即使买了某品牌的洗厕精,这样的家庭会有幸福美满吗?饮料只有一瓶了,完全可以再买一瓶,用得着把男友踢出窗外吗?这就不仅仅是蛮横、任性的问题了,而是一个病态的"小主公"。男友忙于工作,这是有进取心、事业心强的表现,女友应该支持谅解,加之摩托车坏了,女友更应好言宽慰,谁知她上去就是一耳光,这样的女友简直野蛮至极。事实上,对女性形象的塑造也未必一定要通过贬低男性、扭曲男性形象才能达到。例如有一则电视广告使用了某男性球星作模特,镜头一开始对准一双优美的、穿着长筒丝袜的腿,一个柔和的女性画外音告诉观众:"下面这个广告将向妇女证明××牌丝袜将会使任何形状的腿都变得非常美丽。"然后镜头沿着腿部曲线慢慢上移,最后显示出穿这双丝袜的竟是他们所熟悉的球星,这时球星微笑着说道:"我当然不穿长筒女袜,但如果××牌女丝袜能使我的腿变得如此美好,我想它也一定能使你的腿变得更加漂亮。"对男性形象的合理使用能为女性形象的塑造开拓出了一个更加广阔的创意空间。然而,在女权运动的刺激下,有些广告创意盲目地去迎合潮流,迎合女性消费者的口味,而把数十年来为女性塑造的那种传统的、易激动的形象转换成男性,一时间男人们似乎都成了痴呆的、蠢笨的、陪衬的、需要被妇人调教的大块头。例如美国一则某麦片品牌广告中,一个身穿白色网球服、手执网球拍的男子呆呆地望着一个个从身边飞过的球,惊异地睁着眼睛,而与他配合双打的妻子却由于经常吃麦片而表现得主动、灵活,在球场上奔跑出色。他无意中用头将一个球回击过了网，他的妻子马上跑来祝贺他打了一个好球。显然，经过近几十年来的女权运动，传统的妇女形象已经完成了性别角色的大转换。虽然如今的许多广告创作者和女权主义者们可以说"男人的蠢笨也是一种可爱"，但一些社会学家也担心，广告对某一性别的过分嘲讽和正在形成的新的性别歧视同样会产生不良的社会影响，尽管这样的广告会暂时满足那些极端的女权主义者的兴趣，但它同时也会引起男性以及对男性持平和态度的妇女们的不满。如果真是这样的话，广告创意者们的确该好好考虑一下对社会流行的思潮和时尚如何做出反应，以及反应到什么程度才可能获得更好的广告效果。

这类用反衬的方式来突出商品的品质、刺激消费者的购买欲望的广告创意易使人们心理上产生对女性不好的联想，暴力、蛮不讲理、世俗、弱智，它不仅没有重塑新的女性形象，反而是对现实中男女两性形象的一种扭曲。如果女权主义者都趋向男性化、野蛮化，那才是女人真正的悲哀，是女人迷失自我的真正表现，是从骨子深层羡慕男人强势的一种畸形表现。例如，某广告"大胆"表现出"一妻二夫"的"三口之家"的"温馨"场景。这些广告肆意在女性身上使用野蛮镜头，没有分寸，不分场合，表现的恰恰是女性的"自我异化"。女权主义中的一些极端思想和传统的男权思想杂糅在一起，就发酵成了现在这类不是男人奴役女人，就是女人奴役男人，或者不是男人操纵控制女人，就是女人玩弄男人的混杂形象呈现。其实，现实生活中的绝大部分女性还是美丽知性、温柔宽厚的。最近的一项研究给我们提供了很多启示，该研究把所有女性形象归为三种类型：传统女性形象（妇女被描述成只是依靠丈夫生活的家庭主妇）、超级女性形象（妇女被描述成完全有能力独自承担工作和家务）和平等女性形象（妇女被描述成在外工作并与她的丈夫共同分担家务）。该研究发现，女性消费者更加认同那些使用平等女性形象的广告，并对其产品产生比另两种形象更大的购买兴趣。例如某卫生巾品牌的系列平面广告就让人深刻感受到了这一点。在广告画面中：第一幅是在一望无际的沙漠里，一个男子在淋浴头下冲凉的情景，标题是"清爽"，凸显出清爽惬意的感受；第二幅是在一片龟裂的土地上，一个男子舒服地躺在一块软垫中，标题是"柔软"；第三幅出现了三个男子，赤裸着体型不一的上身，标题是"多样化"；第四幅出现了六名强壮勇猛的男子，每人手持一把黑色雨伞，标题是"保护"，小文案是"为女性提供多达六倍的保护"。这个广告初看让人目瞪口呆：居然用男人来做女性卫生巾的广告。它既没有一位女模特出场，也没有一片卫生巾现身，其创意之新奇、手法之巧妙确实让人震撼。这系列广告既不面目狰狞地直指女性的隐私，也不为了"尊重"女性而矫枉过正地贬损男性，而是让男性出现在女性专用领域并且传达出女性的感受。这些代表新女性的形象不再依赖男人,而是充满独立和自信。比如某洗发水广告:"我的发型我做主,这就是我想要的……你找到了吗?"将女性坚韧、自信的一面展露无遗,显示了一个了解自己、掌控自己、享受自己的新女性形象。另一洗发水广告也体现了这类新女性的精神:"我是个急性子,去屑,要我等,不可能!"既独立自信,又亲切可爱,受到了大众的广泛好评。

显然,大多数妇女并不认为暴力型的超级女性是她们生活的理想状态,而广告商们盲目追随潮流的做法也并不像她们想象的那么有效。另外一个调查也印证了这一点,70%的妇女希望丈夫与自己共同承担家务,而不愿做个包揽一切的女强人。国外一个找工作的网站的广告就表达了这一观念:一个女子挤在又脏又小的雪糕售货机里,卖力地向外挤着雪糕。或许很多人目前的工作就像是这样子的——一份显得很多余的工作,可能本人对现在的工作一点也不感兴趣。如果从事这样一个工作,那你一定和那个妇女一样凄惨无聊。广告语"life's too short for the wrong job."(见图 4-1)就直白地告诉广大女性:如果做了错误的工作,人生是很短的,所以不要再浪费你的时间,赶快找到对的、适合你的工作吧!

图 4-1

因此,有学者向广告创意者们建议:不要盲目顺应潮流去为女性制造一个个不切实际的神话。男性和女性,正如人体中的阳气和阴气,是一种一荣俱荣、一损俱损的关系,正所谓"阴阳之道,孤阳不生,独阴不长"①,"阴胜则阳病,阳胜则阴病"②。只有刚柔相济、阴阳平衡,才能真正建立共生共荣的现代和谐社会,平等女性而非超级女性的形象更容易获得大众认同,并有助于提高广告效果。毕竟,广告创意不是传销,不是搞宗教迷信,它应该合乎人的理性认知,合乎人类对一个更加友善、更加有爱、更加平等的文明社会的期待。

总体来说,广告是社会文化的风向标。在我国,一方面,广告中女性的形象是我国文化传统和男权统治意识的反映,另一方面,广告中的女性形象并没有及时地随着社会文化的变迁和人们观念的改变而与时俱进。对单个的女性个体而言,广告为她们指明了摆脱社会束缚、走向广阔生活世界的道路——女性可以通过装饰自我、凸显自我、张扬自我来重塑自我,正如福柯所说:"用不着武器,用不着肉体的暴力和物质上的禁制,只需要一个凝视、一个监督的凝视,每个人就会在这一凝视的重压之下变得卑微,就会使他成为自身的监视者,于是看似自上而下的针对每个人的监视,其实是由每个人自己加以实施的。"女权的建立对于女性、男权,乃至整个社会都是有意义的。女权可以让女人变得更坚强,更自信,让女人的生活更充实,也能发挥女性被男权压抑的能量与智慧。女性的自信、独立、自尊、自强才是女性走向现代、走向自由和幸福的康庄大道,而广告无疑在这个过程中将发挥重要的作用,让女人成为她想要的,让女人更爱女人,从而成为自己的真正主人。

---

① 王洪图、贺娟:《黄帝内经·素问白话解》,人民卫生出版社,2005年版。
② 左丘明:《国语·越语》,上海古籍出版社,1978年版。

第五章

广告美学中的政治元素

商业广告中的政治元素与政治广告不同。政治广告的目的是传播政府机构、社会团体或政治人物的政治主张和政治思想等,目的是影响公众的态度和行为;而利用政治元素进行广告创意的商业广告,其目的是宣传产品信息,它是通过对政治的娱乐化、戏剧化表现,核心是利用政治这一独特的创意元素吸引受众眼球,达到传播企业或品牌理念,塑造品牌形象的目的。海金司认为,广告最重要的就是独创性,"所以我们所关切的最重要的事就是要新奇,要有独创性——这样才有力量来和今日世界上一切惊天动地的新闻事件以及一切暴乱相竞争。因为你虽然能够把一切事情都放在广告里面,可是如果没有人被迫使去听你的,那就白费了"[①]。商业广告中的政治元素就是广告独创性的表现。国内目前这方面的研究还非常少,对如何利用政治元素进行广告创意以及创作过程中需要注意的问题尚缺乏深入思考。因而,研究商业广告中政治元素的运用,对于指导当前我国广告创作的实践,丰富广告创意的理念均具有十分重要的意义。本章通过对2003—2007年出版的《中国广告作品年鉴》的文本分析,指出利用政治元素进行创意是商业广告创意的重要类型。论文分析了政治作为一种广告创意元素的特征及其优势,具体阐述了利用政治元素进行创意的五种主要类型,即幽默型、解决问题型、类比型、经典重构型和公益性等,并针对该类广告创作中存在的问题,作者提出应避免广告触犯广告法及其他行政法规,避免广告与道德观念相冲突,避免广告伤害民族情感,避免广告与时代精神相背离等。

第一节 政治成为广告审美元素

广告与政治之间存在密切的关系。"狭义的广告,即商业性广告的功能,主要在经济方面,但也不难察觉其政治和文化方面的功能。如'消费是美德''汽车是爱''星期五(周末)是我们喝葡萄酒的日子'等,无不多多少少地暗示或明示着某种价值观及生活方式。显然,这类商业性广告不仅直接有利于发展经济,也间接有利于推行政治(更新观念、巩固政权等)。"[②]

可以说,政治作为广告传播的元素由来已久,在当前的广告作品中也很常见。为了能够直观地反映国内目前广告创作中利用政治元素进行广告创意的情

本章的撰写得到了武汉大学新闻与传播学院廖秉宜副教授的协助,特此说明并致谢。
[①] 丹·海金司:《广告写作艺术》,刘毅志译,中国友谊出版公司,1991年版,第2—3页。
[②] 张国良:《广告与政治——对日本广告政治功能的考察》,《新闻大学》,1993年第2期,第59页。

况,笔者选取2003—2007年出版的《中国广告作品年鉴》作为分析样本。《中国广告作品年鉴》收录的是各广告公司选送的年度优秀广告作品,这些广告作品大都进行过多次传播并为消费者所熟知,因而样本具有较强的代表性。2003—2007《中国广告作品年鉴》中利用政治元素进行广告创意的平面广告作品的数量情况见表5-1。

表5-1 2003—2007年《中国广告作品年鉴》中利用政治元素进行创意的广告作品数量统计

	2003年	2004年	2005年	2006年	2007年
企业形象类	1				
信息、通信服务类	3				
信息、通信用品类		4			
汽车及关联品类	1				
家电及关联品类	1				
食品类				3	
饮料(非酒精类)	1				
饮料(酒精类)					2
流通与餐饮服务类			1		
媒体与广告公司类			1	3	
文化、公共服务及其他类		2		3	

数据来源:2003—2007年每年出版的《中国广告作品年鉴》。

从对广告作品的数量统计和内容分析中我们可以看出:

(1)从总量上看,尽管目前利用政治元素进行创意的广告作品并不多,但因这类广告具有很强的幽默性和深刻的哲理性,受众关注度大都比较高。

(2)从商业广告政治题材的选取来看,通常涉及政治事件、政治人物、政治图片和政治口号等。

①广告中的政治事件,通常涉及战争、外交和其他重大的时事等。在2003—2007的广告作品中,主要涉及阿富汗战争、伊拉克战争等,还有一些重大历史事件和时事热点,如中国申奥成功、中国顺利加入世界贸易组织、中国男足首次打入世界杯等。

②广告中的政治人物,通常是一些历史人物和时事风云人物,这些人物往往充当着广告中的时尚明星角色,具有较高的关注度,商业广告中利用这类人物容易引起受众的关注及兴趣。

③广告中的政治图片和政治口号,通常是些大家耳熟能详、记忆深刻的有代

表性的图片和口号,如广州地铁永通广告有限公司为"广州地铁广告大赛"创作的广告就使用了电影《地道战》里面的经典图片,广告标语时代色彩突出,别具一格。

（3）从广告商品的类型上来看,涉及商品类型广泛,而且广告中表现的政治理念与要传播的企业或品牌理念大都具有很好的契合性。

统计数据显示,这类广告作品涉及企业形象类,信息、通信服务类,信息、通讯用品类,汽车及关联品类,家电及关联品类,食品类,饮料类,流通与餐饮服务类,媒体与广告公司类,文化、公共服务及其他类等,并且通常是以系列广告的形式出现,具有极强的冲击力和幽默效果。广告中传播的理念往往与企业或品牌的理念具有较强的关联性,因而能够给受众留下深刻印象。利用政治元素进行广告创意对商品的类型并没有限制,关键是要找到政治元素与品牌希望传达的理念之间的契合点进行巧妙的创意。

广告创意并没有固定的规则,利用各种元素进行创意都能产生优秀的广告作品。但相比较其他一些元素而言,政治题材具有天然的、其他题材广告所无法比拟的优势。政治具有大众性、娱乐性、权威性和争议性等特性,而政治的上述特性恰恰也是广告需要具备的,两者之间的联姻成为一种必然。

1. 政治的大众性

政治的大众性是政治的重要特点之一。我们身处一个大众媒介极度发达的时代,任何政治事件通过大众媒介传播立即就可成为家喻户晓的事件。商业广告的目的就是要吸引消费者的注意力,让其对广告产生强烈的兴趣,进而对广告的商品产生好感,最终促成商品的销售。吸引消费者眼球是广告需要首先达成的目标。政治具有大众性,广告需要引起大众关注,广告与政治的结合无疑可以提高广告的关注度,达到"四两拨千斤"的功效。比如,2003年10月,中国神舟五号航天飞船成功发射,各大媒体和各大网站进行了大量的相关报道,使得神舟五号成功发射成为妇孺皆知的重大事件。蒙牛"航天员专用牛奶"的广告口号以及围绕航天科技创作的平面广告,塑造了一个高品质的蒙牛企业形象,取得极佳的传播效果。又比如2008年佳通轮胎的创意就是利用中国申奥成功的历史性事件进行巧妙的创意,画面中由轮胎组成的奥运五环给人留下深刻印象,"申奥成功,步步佳通""坐红旗车,走中国路"的广告语更是把两者进行了巧妙的关联,让消费者产生强烈的情感共鸣。

2. 政治的娱乐性

大众社会一个重要的特征就是造就了一大批孤独的人群。在大众社会中,人们需要娱乐和狂欢。在这样的社会,所有的事件都可以被解构,传统意义上所谓的严肃、崇高、经典、悲惨、恐怖及痛苦的记忆等都可以被拿来"娱乐""恶搞"。很多代表性的政治事件、政治人物、政治图片和政治口号都广为人知,利用政治事件和政治人物这样的政治元素进行广告传播具有立即引起消费者注意的效果,这些政治事件、政治人物通常都是比较严肃的题材,广告的重大价值在于将严肃的题材予以重构,化严肃沉重为轻松幽默,从而对政治事件和政治人物进行全新的解读,因而能够在受众莞尔一笑之间达到广告传播的效果。所以我们经常可以看到一些严肃的政治事件成为一种娱乐事件,一些严肃的政治人物成为广告中的娱乐明星等,就是如此。

3. 政治的权威性

一些有影响的政治人物,一般在公众中具有权威性和发言力。商业广告需要达成传播效果,同样需要广告具有权威性。广告中利用政治人物来推介商品,能够大大提升广告的权威性,这与娱乐明星和体育明星推介商品具有异曲同工之妙。受众看到这些政治人物的时候通常都会有一种期待,就是希望了解广告怎么在调侃政治人物,创意是否很好地与企业或品牌理念完美的融合。如果既能够达到幽默的效果,又能够巧妙地传播企业或品牌理念,自然会受到目标消费者的好评。

4. 政治的争议性

政治事件、政治人物有时也会成为争议事件、争议人物。艾柯曾指出,"对一位米兰银行职员来说,电视播映的冰箱广告代表了一种购买的刺激力,但是,对于一个卡拉布里亚的失业农民来说,这同样的图像言说的是一个不属于他的繁荣世界,一个他必须去征服的世界。这就是为什么我认为,在贫困国家,电视广告的功能是传达一种革命讯息"[①]。广告要达成传播效果,同样需要社会广泛谈论,若广告引起争议自然能够放大传播效果。政治为社会公共领域提供了大量颇具有争议性的议题,从某种程度上,广告也需要社会争议,这也是广告传播效果最大化的一种手段。①广告可以利用一些有争议的政治人物进行广告创意;②广告还可以利用政治元素创造争议话题,但创作此类广告需要广告创作者对广告播出所在国家的传统文化、消费者心理以及政治形势具有深刻的领悟和洞察。

---

① Umberto Eco, *The Limits of Interpretation*, (Bloomington: Indiana University, 1990), p.114.

第二节　商业广告政治元素创意类型

商业广告利用政治元素进行广告创意通常是将一些广为人知的新闻事件、新闻人物、新闻图片和新闻口号与品牌进行全新的组合，从而产生一种让人耳目一新的感觉。尽管创意表现的类型多种多样，通过对利用政治元素进行创意的商业广告作品的内容分析，我们认为有以下几种主要的创意表现类型，即幽默型、解决问题型、类比型、经典重构型、公益型等。

1. **幽默型**

幽默是"借助多种修辞手法，运用机智、风趣、精练的语言所进行的一种艺术表达"。幽默是一门艺术，广告创作应力求既文雅又通俗。利用政治题材进行创意的广告作品大都具有幽默性，这类题材的广告作品往往是对政治事件、政治人物、政治图片和政治口号进行戏剧化表现，通过简单有趣的画面来传达企业理念或商品特点等。

2. **解决问题型**

解决问题型广告通常是把消费者经常碰到的难题，用夸张的手法展现在屏幕上，然后出现产品的形象或介绍产品的好处，以此来解决消费者的难题。采用这种形式一般要求尽可能戏剧化展现商品的品质，以产品潜在的特质诉求其解决问题的功能，以自然流露的语言文字来介绍商品的优点。在解决问题型的广告中，问题越严重越能显示广告商品的价值。利用政治元素进行广告创意的广告作品同样如此。

3. **类比型**

类比型主要有推理形式的类比、逻辑错误的类比和逻辑方法的类比等。利用政治元素进行广告创意也经常使用类比的方式。比如某创可贴品牌利用朝韩两国元首共同举杯的镜头，传递出"没有愈合不了的伤口"的理念，而这一理念与创可贴的产品理念具有一致性。由两个国家之间"没有愈合不了的伤口"，类比使用该品牌创可贴后"没有愈合不了的伤口"，从而把政治事件与产品理念进行了有效的关联，让受众留下深刻印象。又比如，某跨国公司在中国发布招聘广告中，就是将公司即将招聘的人比作丘吉尔、切·格瓦拉这样重要的政治人物，体现企业求贤若渴。

4. 经典重构型

经典一词，在如今看来，已不单单是过去的某一部著作、某一部电影、某一个人物，一句值得收藏的名言，一首百听不厌的歌曲，都可以成为经典。事实上，每个历史阶段都会有一些事件、人物、著作、电影、话语留存下来成为经典，并沉淀为一种文化。在广告创作中，很多经典的事物在不断被解构甚至重构，从而使该事物产生新的意涵。

5. 公益型

利用政治题材进行广告创意的公益型广告，虽然从某种程度上类似于公益广告，但两者并不完全等同。这类公益型广告属于商业广告的范畴，重点在于传播企业的价值观念，塑造企业和品牌独特的形象。该类广告通常是选择如战争、能源危机、环境污染等重大社会问题作为公益题材，由于这些事情被大众所高度关注，商业广告表现对政治问题的关注可以无形中拉近与消费者的心理距离，赢得消费者的好感。某广告公司曾制作了一组公益广告，分别由"闪闪的红星篇""地道战篇"和"红色娘子军篇"组成，分别以广为流传的革命题材的影片为题材，诉求准确，很有亲和力。贝纳通公司曾经制作了影响力巨大的政治型公益广告，其创意总监说："广告不仅是一种传播方式，更是一种我们时代的表达。"① 贝纳通广告大都是通过一些别出心裁的方式表现重大的政治题材，如战争、疾病、贫穷、种族、暴力、宗教、环保、灾难等，在广告中展现与和平生活相反的一面，将现实中的矛盾体现得淋漓尽致。从 1984 年的 *All the Colors of the World* 的广告运动，到 1989 年的 *Contrast of White and Black*，从 1991 年的 *Angles & Devils*，1992 年的 *The Reality of Race*，再到 1994 年的 *Batton*，1996 年的 *Hearts* 等，都是反映全球人们关注的焦点问题的广告。贝纳通广告饱含着深厚的人文内涵，渗透着强烈的政治诉求，如 1996 年荣获戛纳国际广告节金狮奖的广告：三个一模一样的心脏并排放在一起，每个心脏上注明了英文名称，如果不是特意标明，我们很难发觉三个心脏之间的差别，它们分别代表不同肤色人的心脏。因此，肤色的不同，只是人类外表体征上的差异，不能以此作为歧视、仇杀、杀戮的借口，不同肤色的人拥有本质的共同性，人类应该彼此尊重，和平共处。贝纳通广告对社会问题的持续关注，赋予了这一品牌鲜明的个性，同时也使得这一品牌在拓展全球市场的过程中能够立即获得目标对象国消费者很高的认同。

---

① 徐卫华、胡晓芸：《"语"不惊人死不休——贝纳通》（上），《广告大观》，2001 年第 8 期，第 15 页。

第三节　政治元素创意需要注意的问题

利用政治元素进行广告创意具有其他题材创意无可比拟的优势。由于政治事件、政治人物、政治图片和政治口号本身就为大众所熟知,具有很高的知名度和影响力,因而广告借用这一题材能够起到"借势"的效果,引起消费者高度关注和广泛兴趣。在这种类型的广告中,政治人物往往充当着一种与时尚明星等同的角色。广告对政治事件、政治人物、政治图片和政治口号的重构,也给消费者一种全新的感觉,视觉冲击力和心理冲击力都非常强。尽管有这么多优势,但利用政治元素进行创意同样需要规避很多问题,特别是要避免"触雷",这个雷区主要表现为广告触犯广告法及其他行政法规,广告审美与世俗的道德观念相冲突,广告的设计美学与民族传统审美不协调,广告审美价值与时代精神背道而驰等。这种类型的广告总是行走在法律、道德、情感和时代精神的边缘,我们称其为"边缘的舞者"。

1. 避免触犯广告法及其他行政法规

广告基本准则明确规定,广告内容应当有利于人民的身心健康,促进商品和服务质量的提高,保护消费者的合法权益,遵守社会公德和职业道德,维护国家的尊严和利益。广告不得有的情形中涉及政治方面的规定有:使用中华人民共和国国旗、国徽、国歌;使用国家机关和国家机关工作人员的名义;含有民族、种族、宗教、性别歧视的内容等[①]。尽管有明文规定,但是违反上述规定的广告依旧存在。例如,某饭店里悬挂张贴着很多毛泽东主席早期的一些合影照片,就因涉嫌变相利用伟人形象做广告,因而被勒令叫停。利用政治元素进行创意经常要使用一些政治事件、政治人物、政治图片和政治口号的素材,尤其需要注意不能触犯广告法及其他行政法规。

2. 避免广告与道德观念相冲突

广告是否触犯法律一般可以明确界定,但是广告的审美趣味与道德伦理的冲突则是法律无法解决的问题,需要广告人的自律和社会的舆论监督。比如,新加坡商全球体育卫星电视股份有限公司为美国职业棒球大联盟发布的广告《炮火震惊全世界》,该则广告具有极强的视觉冲击力,给读者的感觉就是看棒球比赛就像丢炸弹一样刺激,这个创意无疑是颇有新意的,但是这种创意涉嫌对战争

---

① 国家工商行政管理局广告监管司:《广告法规集成》,工商出版社,2001年版。

场景的宣扬,在某种程度上会助长人们对战争、暴力的热情,引发难以预计的负面效应。尽管我们说商业广告最重大的价值之一是它的经济价值,但是广告作为大众文化的重要组成部分,无疑也需要对大众观念有正确的引导。

3. 避免广告伤害民族情感

广告的国际化与本土化是广告学界长期关注的重点话题之一。无论是走国际化路线,还是走本土化路线,都需要尊重广告创作的规律,尊重当地的传统文化和习俗,才能获得对象国消费者的认同。如果不顾当地的传统文化和习俗,不顾当地人的民族情感,就有可能招致消费者对广告的排斥,进而影响广告传播的效果。比如,某汽车品牌在中国发布的广告《霸道篇》《陆地巡洋舰篇》,某油漆品牌发布的广告《盘龙滑落篇》,从创意的角度来说,符合广告创作的三大原则原创性、关联性和冲击力,但是广告发布后却让消费者产生负面的联想并经网络传播而放大。究竟广告创作者的初衷如何我们无从考证,但是广告最终达成效果还是需要获得消费者的认同。在这样一个信息传播高度发达的大众传播时代,这种负面信息的传播对于企业或品牌都可能造成巨大的伤害,这是广告创作人员必须认真考虑的。因而,政治元素在广告美学中的合理运用,是一个非常复杂的问题。广告创意者和设计者必须要提高自身的艺术素养、职业素养,不仅要真正从客户的利益出发、从消费者的利益出发,而且还要重视当地人的民族情感,重视广告投放地的文化传统和政治生态,从而创作出优秀的广告作品。

4. 避免广告与审美价值相背离

"现代"是和古代相对的一个范畴①,在"前现代"的传统社会里,广告基本上是集权主义、精英主义意识形态的体现。市场经济的兴起,要求实现雇工的自由、贸易的自由,首先就必须做思想上、舆论上的准备。因此,启蒙运动一开始,就把言论自由视为第一自由。其政治含义在于,剥夺统治阶级对于真理的话语垄断权,把真理看作是人类理性的产物,这是现代精神的真正内涵。利用政治元素进行创意的广告作品中,有很多是选用一些有影响的历史事件、历史人物、历史图片和政治口号。广告中选用的这些题材很多存在断章取义的现象,广告表现的历史是片段的历史,是被肢解的历史,"我们可以从不同角度看待电视广告,

---

① 据说,尤金·沃尔夫在 1988 年发表的一篇为《现代》的论文中,首次阐明了"现代"这一概念,并把它比喻为"一位经验丰富而又纯洁的女性"。参见布雷德·伯里、麦克法兰编:《现代主义》,上海外语教育出版社,1992 年版,第 27 页。

为了利益着想,可以不把广告死板地看作是经济事件,而把它看作是一种政治事件,它讲述着或参与着社会场中各种力量之间正在进行的游戏"[1]。这种对历史的片面解读及传播,有时与时代精神背道而驰。比如某报业集团发布的广告《初醒篇》《敌后篇》《战斗篇》,这个系列的广告选取抗日战争的三个片断进行创作,广告语是"中国虽大,但我们无路可退"。该广告所表现的中国军民抗战的精神气概是值得称道的,但需要结合当下的社会发展形势选取合适的角度加以呈现。抗战精神是中华民族永远的财富,但对抗战深层的理性反思也是非常重要的,如果当时有先进的武器装备,官兵有良好的教育和技战术素养,我国人民所经受的苦难就会少些,这正是当代"科教兴国"的时代精神所要弘扬的。

综上所述,政治作为广告创意的一种重要传播元素日益受到广告创作者的关注,原因正在于政治的大众性、娱乐性、权威性和争议性与广告传播的内在要求具有很强的契合性,"无意识的意思、作品和实践通常带有或被赋予意识形态意义"[2]。在广告创作中,幽默型、解决问题型、类比型、经典重构型、公益型是最为主要的创意表现类型。尽管利用政治元素进行创意具有其他题材广告所无法比拟的优势,但由于这类题材的"边缘性"特点,广告创作者必须要避免广告触犯广告法及其他行政法规,避免广告与道德观念相冲突,避免广告伤害民族情感,避免广告与审美价值相背离等。

---

[1] 马克·波斯特:《信息方式——后结构主义与社会语境》,范静哗译,商务印书馆,2000年版,第70页。

[2] 约翰·斯道雷:《文化理论与通俗文化导论》(第二版),杨竹山、郭发勇、周辉译,南京大学出版社,2001年版,第3-7页。

第六章
广告美学与公共领域

在地球村的时代,广告作为文化工业的重要组成部分,它天然地具有一种公共的属性,任何一个广告创意作品,都不仅仅是创意者个人的艺术性创作,而是整个广告产业集体智慧的结晶,从这个意义上讲,现代广告是一种"非个人化的生产","即使它们表面上千差万别,但它们的生产、构成逻辑以及内在的特性都是同一的。这正像所有的封面女郎都是一样的,不同的只是她们的名字"[①]。广告追求认识的、工具的理性,它要吸引大众的注意力,就必然要在公共事件、公共问题上传达出商品销售商的立场。广告不仅影响每个人的生活及生存质量,同时也与人类所面临的共同问题如恐怖主义、环境污染、种族冲突等息息相关。现代广告通过议程设置和对事件不同视角的解读来影响公众的态度,它究竟是在促进人类的沟通和理解方面起着一个积极的推进作用,还是在有意或无意之间沦落为某种权利的工具并沦为人与人、阶层与阶层相互和解的障碍呢?如何在一个媒介责任感不足、娱乐化、商业化的时代重构广告的跨文化传播战略,以期达成人类共同的愿景,引导人们共同面对危机,积极寻求最佳的解决方案,这是广告创意者和设计者必须思考的问题。

第一节　广告进入全球传播时代

施拉姆在《传播学概论》中指出:"传播是社会得以形成的工具,传播(communication)与社区(community)一词有共同的词根,这绝非偶然。没有传播,就不会有社区;同样,没有社区,也不会有传播。使人类有别于其他动物社会的主要区别是人类传播的特定特性。"信息传播先天就具有公共性、社区性的特征,大众传播对社会结构甚至社会群体的时空认同产生了巨大影响。20世纪70年代以来,对广告的跨文化传播以及媒介在政治和社会生活中影响的探索开始成为媒介文化研究的一个重点。戴维·莫利(David Morley)曾致力于研究媒介在结合公共和私人领域方面所起到的作用,以及对空间、时间与群体所进行的社会性组织过程中媒介所扮演的角色。哈贝马斯则从社会福利国家转型和大众传播对交往结构的改变这两个角度讨论公共领域的结构转型,广告是资本主义政治经济的重要体现,今日大众媒介已经"深深影响了公共领域的结构,同时又统领了公共领域"[②]。以广告事件为中介,私人领域和公共领域,非正式非公众舆论(构成生活世界语境和公共交往的基础的文化自明性)与正式的、由大众传媒建构的

---

① 周宪:《中国当代审美文化研究》,北京大学出版社,1997年版,第142页。
② 哈贝马斯:《公共领域的结构转型》,曹卫东译,学林出版社,1999年版,第15页。

准公众舆论(经济和国家将它视为系统周围世界的事件,试图加以影响)之间发生了紧密的联系和碰撞。这些研究充分表明,任何媒介对政治文化建构的影响,都必须在一个包容性更强的跨文化语境中才能进行,不仅有广告的事实报道,还有不同文化传统、宗教信仰、价值观念的公众对它们的各种解读,在这个过程中广告所传递出来的价值观念有着不可忽视的影响,因而,广告所传递出的价值观念是尤其值得重视的一个问题。广告信息的传播过程,不仅是国家、媒介的共谋,同时也须经过受众的参与、解读、诠释才能得以完成,正是这些解读建构了公众对公共领域事件的看法,建立起了个体与世界的联系。

广告作为社会文化"公共领域"的一个重要向度,它也是公众能够以话语方式形成意见和意愿、建构现代政治的理论基础。美国学者米尔斯深刻指出,当权者利用媒介技术的便利,把大众传播广告当作灌输、劝导的工具,权力结构与大众传媒相勾结,营造出社会政治现状合理与合法的神话[①]。现代政治的一个重要特征是公民赖以作出政治选择的知识和信息必须能够自由流通。在20世纪下半叶,约翰·罗尔斯(John Rauls)和阿克曼(Bruce Ackermann)等人讨论了广告传播的伦理基础问题。从道德视角出发,人们能够不掺有任何党派色彩,对什么是共同利益做出判断,不管他们如何表达和解释这些道德原则。利益的普遍化以及代表普遍利益的规范的适当使用具有坚实的基础。哈贝马斯更是指出,在现代语境下,"如何才能通过话语形成意见和意愿,进而克服自我利益的共同利益、当事人和公民这两种角色的鸿沟"[②],这成为公共事件跨文化传播中的一个难题。而穆勒则认为具有批判意识的公众根本无法再达成合理的意见,"因为只有意见的差异性在人类现有的知性状态下才能充分展示真理的方方面面"[③]。托克维尔则担忧在广告的传播过程中,大众激情所主宰的公众舆论需要通过真正独立的公民的权威加以净化,"在我看来,普通公民联合起来的时候,就会获得十分富有、十分有力、十分强大的形象,一句话,就会获得一种高贵的人格……受过教育并且拥有权力的公民是一个政治组织、工业组织、商业组织,是科学组织和文学组织;他们既不会随意强迫自己,也不会默默地自我压制"[④]。受过教育的良好公民和民主政治体制的保障是广告实现跨文化传播的前提,它有利于捍卫公共性的原则,反对那种蒙昧的公众舆论和利益至上的

---

① 谢立中:《西方社会名著提要》,江西人民出版社,1998年版,第193页。
② 哈贝马斯:《公共领域的结构转型》,曹卫东译,学林出版社,1999年版,第15页。
③ Mill, *Uber die Freiheit*, (Pickford:Frankfurt,1960), p.66.
④ 哈贝马斯:《公共领域的结构转型》,曹卫东译,学林出版社,1999年版,第154页。

导向。公共领域是介于国家和社会调节的一个领域,人们可以在其中自由、理性地讨论问题,坦诚地表达意见,因此公共领域本质上是由社会当中的传播机构组成的,即大众传媒,"如果说过去报刊业只是传播和扩散私人公众的批判的广告,那么现在这种批判反过来从一开始就是大众传媒的产物"①。显然,以人际传播为主的咖啡馆、街头巷尾等传统传播无法承载全球化时代社会对公共性的需要。

第二节 公共事件在广告中的"异化"危机

在跨国传播热潮中,所谓的"全球化"在一定意义上意味着霸权主义和殖民主义的回潮。20世纪90年代以来,发达国家依赖其在传播媒介领域所拥有的强势地位,通过国际传媒,进行全球范围尤其是对第三世界的消费意识扩张,广告文化传播作为国际传播的重要构成,在跨文化传播中,发挥着极为重要的作用。广告领域也出现了"传媒拜物教",当代传媒以跨国资本的方式形成全球性的消费意识,其文化霸权话语渐渐进入国家与民族的神经之中。发达国家经由国际公共事件传播,不仅将货物行销到发展中国家,同时也将价值观念、行为模式、生活方式等传入发展中国家,造成发展中国家本土文化的失落与外来文化的浸染。对今日的普通大众来说,他们对美国文化的体认与感知,更多是来自于电影、广告,还有公共事件。几十年来,伴随万宝路、可口可乐、百事可乐、百威、耐克、麦当劳、肯德基、微软、苹果等广告的大量涌入,国人在逐步接纳其商品与服务的同时,更具体感知到了美国文化中对英雄主义的狂热崇拜,个人主义的极度张扬,及其粗犷、奔放、自由、热烈而不失幽默的民族精神,还在不知不觉中接受到其中所传扬的某些生活观念和行为方式,譬如对高品质生活的追求,对物质享受的膜拜等。消费意识的全球性扩张演变成了"文化帝国主义""文化殖民主义",并随着全球一体化进程的加剧和消费主义对主体意识控制的深入而愈演愈烈。由于全球的政治形态、经济文化的多样存在现状,在面对公共事件时,大众媒介及广告时常出现一种"不在场"的状态,权利的争斗、媒介社会责任感的缺失、地方-全球之间的对抗关系以及媒介自身的特性使得公共事件在跨文化传播中出现种种"异化"的危机。

首先,在现实的媒介文化中,媒介承担的使命和价值不仅仅是商业信息的运

---

① 哈贝马斯:《公共领域的结构转型》,曹卫东译,学林出版社,1999年版,第225页。

输和市场营销的工具,更是社会中各种社会力量之间的冲突或博弈的载体。当大众传媒生产的意义内容融入社会生活当中,受商业化和低俗文化的刺激,媒介的领域有时会向社会无限扩大,有时又会收缩乃至消融在企业的商业机构之中,有时会以消费的通用媒体的面目呈现,有时又会以自主系统的面目呈现。哈贝马斯区分了政治宣传和广告之间的区别,"私人广告总是针对其他的私人消费者,公共关系则是针对公众舆论或作为公众的私人,而不是直接针对消费者。信息的发出者把自己的商业意图隐藏在一种关于公众福利的角色背后。这种对消费者施加影响的方式是借鉴了经典的公众批判形象的内涵,使自己合法化:公共领域的公认功能和有组织的私人领域之间的竞争被统一了起来"①。广告所代表的私人利益获得了"人为的公共领域"的面具,这使得在全球的公共事件传播过程中,真正值得关注的公共事件有时处于一种"缺席"的状态。1936年2月,一位名叫波尔的医学博士在美国医学会议上发表论文称,吸烟能使抽烟者减少寿命。但对于这样关系到千万人健康的公共事件,媒介要么不理不睬,要么把它放在最不起眼的地方,纽约的纸媒8家日报中有6家日报对此毫无反映,另外2家报纸将它深埋在内页的底部。而美国《读者文摘》刊登了这则反对烟草的文章,却马上受到了严厉的惩罚——一家与其合作二十多年的广告商撤销了对杂志的赞助。最典型的事件莫过于1994年对发生在卢旺达的大屠杀惨剧的传播。当数十万男人、女人和孩子的生命遭受屠杀和践踏时,全世界的媒体却更集中关注五花八门的广告信息轰炸和美国橄榄球明星辛普森杀妻案的审判上。《与魔鬼握手》的导演雷蒙特事后回忆:"说起来有点不好意思,就像多数人一样,我也'错过了'卢旺达大屠杀。我模糊地记得有媒体对一个偏僻的中非国家的种族战争进行报道。但在那100天里的每个晚上,电视的大部分内容都是商业广告、辛普森审判……"②类似的大众传播"漠视"公共领域的事件层出不穷。在商业资本和娱乐资本的联合排挤下,公共事件的信息传播处于一种边缘化的存在状态。

其次,由于地方-全球存在一种既合作又对抗的关系,公共事件的发生,时常被地方危机/私人危机事件或者娱乐事件所取代而处于不太重要的位置。传媒在做出报道时,因为对公共性的忽略,而使议程设置处于失衡状态,公众的注意力迅速发生转移,公共事件的传播处于一种断断续续的、碎片化的状态。哈贝马斯认为,19—20世纪公共领域的衰落部分是因为大众传媒的兴起。公共性的主

---

① 哈贝马斯:《公共领域的结构转型》,曹卫东译,学林出版社,1999年版,第228-229页。
② 万静:《卢旺达不产石油》,《南方周末》,2005年12月22日,第26版。

体应当是作为公共意见载体的公众,行使批判性裁决者的职能,而在大众传媒领域,公共性已经改变了原有的意义,变成了任何吸引公众舆论的东西的属性,其目的在于生产出虚假的"公共性",如对好莱坞大片、时尚的关注。由面对面辩论的市民所组成的公共领域,在全球化时代已经瓦解为由大众所组成的碎片化世界,这些"乌合之众"沉迷于传媒景观与广告所构筑的虚拟梦幻中不能自拔,成为它们的奴隶。

在信息传播高度发达的时代,大众传媒早已成为新的权力中心之一,权力的媒介和媒介的权力在特定的历史条件下,互相结合,彼此借重,共同搭建一个"利益共同体"。在这个"利益共同体"中广告媒介本身的权力化及它与资本权力的复杂关系,是公共事件的解决契机,也是造成公共事件跨文化传播的重要障碍。媒介不仅发挥着"喉舌"的作用,而且履行着建造"商业神话"的功能,公共事件的作用就是力图"说明这个群体(集团)的利益怎样'真的'大体上等同于整个社会的利益或者整个人类的利益"①。这种出于自身利益与立场控制的传播,其最终结果必然是:公共事件在大众生活中丧失了真正的公共性,沦为碎片化而为公众所忽略。公众的态度被一种虚假的民主意识所唤起,即他们认为他们是作为具有批判意识的私人在承担参与解决公共事件的责任。

再次,从广告的特性看,广告的全球化传播并未拉近人与人之间的道德感和亲密感,却在相当程度上抑制了人们拉近距离的体验,起到了"隔离"人们直面危机的作用。乔纳森·米勒(Jonathan Miller)认为广告对公共事件的关注并没有促进人类道德和情感上的亲密,却是"使之疏远"②,甚至使之异化;它远不是在连接我们,而是把我们同远方的事件隔离开来。"同麦克卢汉所宣称的恰恰相反,电视是绝对形象化的,而它很奇妙,所展示的图像跟其他的感觉是完全分离的。观看者坐在自己的房间里看着它们;那是一种毫无生气的舒适,跟实际所发生的疼痛、炎热和气息都断裂开来了……所有这些结果都使观看者跟他所正在观看的景象保持着距离,最终使他陷入到一种无意识的信仰之中:电视上所发生的事件是正在发生在某个令人难以置信的远方的剧院中的人类行为,在同样大小的电视屏幕前,残暴和愉悦因人而异。由于这种体验,广告在跨文化传播中似乎不是扮演连接的角色,而是扮演了隔离的角色。"③它在保护我们的地方空间,使之免受令人头疼的远方事件的现实干扰。鲍德里亚在

---

① 李斯屈:《公共事件符号学》,四川大学出版社,2004年版,第183页。
② Jonathan Miller,(*Mcluhan*,London:Virogo,1971),p.126.
③ 约翰·汤姆林森:《全球化与文化》,郭英剑译,南京大学出版社,2002年版,第253页。

海湾战争前夕发表了著名的文章《海湾战争不会发生》，但时隔不久，以"沙漠风暴"为代号的海湾战争就展开了，当德国《明镜周刊》记者问他是否愿意去伊拉克看看时，鲍德里亚说："我靠虚像生活。"在鲍德里亚看来，海湾战争之所以不会发生，是因为这场不同于传统的战争，在战争发生之前，海湾战争的战略战术事先已经被大众传媒和记者、军事分析家虚拟和演示过了，因而真正的战争永不会发生。大众广告取消了意义和现实，从而造成了"零度交流"。这种现象学意义上的距离，部分来自这样的事实：我们在电视上所看到的事件，比如远方的战争，多半不对我们自己的生活构成直接的冲击，但是，在一个民主力量不够强大的社会，似乎还有一点潜台词：我们不关注是因为我们对所看到的事件没有干预的能力。这也意味着，在某种程度上，我们将不可避免地体验到：我们是置身事外的。

在全球化的今天，跨文化传播似乎越来越陷入虚拟的困境。在世界上最开放的美国，对国外事件的报道在最近20年里下降了三分之二，从1988年到1996年下降了42%；英国从1988年到1994年播出的国际话题下降了40%①。以至于BBC新闻部首席执行官托尼·霍尔抱怨道："曾经有一度，当我们要把未来寄托在全球范围的时候，我们广播节目的听众却似乎对世界不感兴趣了，而新闻报道仿佛是回应似的，也好像没了兴趣，倒是更趋于对内关注了。"②文化传播中的地方观念越来越占主导地位。公共事件的缺乏关注本身倒真成了一场危机。约翰·汤姆林森提到了凯文·罗宾斯的困惑："电视观众对呈现在他面前的极端暴力和危机（如战争、死亡、自然灾难等）报道会作出怎样的反应呢？观众怎么可能面对战争的残酷而显露出相对没有受伤的样子呢？而这类现实是怎样传播开来的呢？"③从外部情况看，大众日益被传媒铺天盖地的时尚和商业轰炸所遮蔽；从内部情况看，广告引导大众日益走向虚拟化的生存。

第三节　公共事件的广告传播策略

首先，在应对公共事件的过程中，重建跨文化传播的伦理基础刻不容缓。随着经济全球化的发展，在文化和道德领域，真有可能出现一个全球化的文化和普世价值吗？有可能出现一个不同种族和文明传统的人都能接受的道德规范和价

---

① 约翰·汤姆林森：《全球化与文化》，郭英剑译，南京大学出版社，2002年版，第171页。
② 约翰·汤姆林森：《全球化与文化》，郭英剑译，南京大学出版社，2002年版，第250页。
③ 哈贝马斯：《公共领域的结构转型》，曹卫东译，学林出版社，1999年版，第257页。

值体系吗？乌夫·汉内斯(Ulf Hannerz)说："现在存在着一个世界文化，但我们最好还是搞明白，我们所理解的世界文化究竟是什么意思……并没有出现意义体系和表述体系的全部同质化，也没有任何迹象表明它们在不久的将来会出现，但这个世界已经成为各种社会关系的网络了，而在世界不同的地区之间，存在着意义的流动。"①从历史的视角看，一个显现着全球跨文化传播的话语，在很大程度上是围绕着威胁与承诺、梦想与噩梦的话语。当越来越拥挤的社会文化空间出现时，也同时出现了各种文化和意识形态之间的栅栏高筑：人们开始退避到各种封闭式的民族主义、种族的、宗教的、社会性别的甚至是环境的"地方主义"中去了。

对具有质的不同文化传媒体验，秩序的理解，是公共事件在跨文化传播时遇到的最大挑战。如美国在伊拉克战争中，广告中所呈现的就是双重的标准，波斯湾的石油渗漏被布什政府说成对自然环境的蓄意破坏，成了公益广告的反面案例。这一渗漏没有被归结为航运事故或技术上的原因，反而被报道为一个独裁者的疯狂意图，美国成为保护环境"公共价值"的执行者。而曾几何时，美国采用落叶剂、凝固汽油和混合化学制品毁坏了越南三分之一以上的森林，此时，与追求军事目标相比，环境保护倒是次要的因素。"公共价值"的伦理规范就这样很方便地被颠倒过来了。正因为如此，欧美的广告在卢旺达大屠杀时采取了商业的冷漠的媒介立场，而这些不同的体验，日益导致跨文化传播语境中公共性的丧失。正如本杰明指出的，"如今，用手触一下快门就使人能够不受时间限制地把一个事件固定下来，照相机赋予瞬间一种追忆的震惊。这类触觉经验同视觉经验联合在一起，就像报纸的广告版或大城市交通给人的感觉一样"②。跨文化传播仅靠"光晕"的效果是不够的，全球广告传播伦理基础的确立，应基于一种公共理性。在康德看来，公共理性，也就是一种理性批判的能力，在其反思性行为中，它考虑其他每个人的陈述模式③。如果状况良好，它可以用人类的集体理性来评价自己的判断力，这样就避免了由主观性和个人境遇所带来的错觉。而这种错觉容易被认为是客观的。

能否重建一个以大家公认的普遍价值作为伦理基础的传播战略呢？这是一个复杂的问题。但人们大都承认，在不同传统的文化和风俗中，会有一些共通的价值观念，如真、善、美、自由、公平、平等、尊重生命、关爱弱者等，这些价值作为

---

① Ulf Hannerz, *Cosmopolitans and Locals in World Culture*, (Featherstone, 1990), p. 237.
② 本雅明：《发达资本主义时代的抒情诗人》，上海三联书店，1989年版，第146页。
③ 尼古拉斯·加汉姆：《解放·传媒·现代性》，李岚译，新华出版社，2005年版，第288页。

广告文化传播的伦理基础至关重要,那就是以培育更有责任感的全球公民为导向。尽管西方大多数国家有所谓的跨国公司,但这种企业文化不能被看作是世界主义的。同时,世界文化的价值也不能仅流通于精英的、带有某种社会特权的观念中。这种价值尊重个体自身的文化意向,但同时也能超越地方的概念,从长期和长远的行为结果进行思考,有能力进入到一种和始自不同设定的他人进行对话的理智关系中去探讨解决危机和增进利益的途径。

  其次,对公共事件的传播策略应关注人的生存状况,而不是单纯的物质损失、政要言论、明星走秀的报道。我们通常在广告对公共事件的传播中,看到的多是与我们的生命和情感无关的喧嚣,在喧嚣的背后,是一无所有的虚空。在电视上、广告上所看到的某个地区的暴力和灾难事件所给予我们的"打动"方式,会等同于我们置身于这种危机和灾难中的感受吗？任何理解只能从时间性和历史性出发,我们不可能脱离自身的处境进行纯客观的理解,理解之前必然有"先见",这就意味着一切处理过程在本质上都会受到个人特有的历史处境和过去的经验的影响。现象学有一个"视界融合"的词,伽达默尔认为,理解就是理解者的视界与文本的视界相互交融,从而超越了各自原有的视界而达到新的视界。这意味着,公共事件的跨文化传播过程不仅仅要借助于语言和意义的诉求,同时也要尽量做到非语言符号与语言要素的结合。图像时代的到来,使得非语言传播的策略在跨文化传播中必将发挥更大的作用。而对非语言传播的合理运用,还是应该基于对个体真实的生存处境的关注,在这方面不少公益广告给我们提供了很好的案例。如下面的节约用水的公益广告(见图6-1),以生动的形象告诫人类不要过度压榨地球的水资源,只有节约用水,才有可持续发展的生活。而另一则针对全球沙漠化的危机的公益广告(见图6-2),则以干裂的嘴唇影射龟裂的大地,告诉我们唇亡齿寒的道理,唤起我们对保护环境、防止沙化等人类共同困境的关注,给人以深刻的印象和巨大的心灵震撼。这些公益广告大多是从社会的公共事件和热点问题中寻找创意资源,揭示生活的种种虚伪面纱,展示真实与真相。一些公共事件问题,如种族歧视、战争、疾病、贫穷、暴力、环境、灾难、宗教等,通过非语言传播的策略,展现与和平生活相反的残酷,将生存的矛盾和荒谬展现得淋漓尽致。

图 6-1   图 6-2

除了单纯的公益广告外,还有不少广告公司以公益广告的方式塑造品牌形象,一方面注重广告的公共性,另一方面也达到了品牌塑造、商业销售的目的,取得了良好的传播效果。如下面的禁烟广告(见图 6-3),将人吸烟时呼出的气体和汽车的尾气排放形象地结合在一起,提醒我们保护环境,减少空气污染,给人

图 6-3

留下非常深刻的印象,发人深省。还有某汽车制造厂商的公益广告(见图6-4),提醒人们注意交通安全,尤其是下水道的井盖,会给人的出行造成严重的生命威胁,这则广告唤起了我们对公共交通、公共安全的关注。

图6-4

公益广告为公共事件的跨文化传播策略树立了一个典范,它们提倡在一个充满种族歧视、民族矛盾、灾难与战争的现实社会中,人与人之间应该给予更多的宽容和尊重,应该有更多的关爱。另外,公共事件的广告文化传播还有赖于社会民主机制的完善,有赖于民间力量的觉醒和民众的参与。

第七章 "微时代"的广告美学

随着移动互联网技术的快速发展,微博、微信、Twitter以及随之而来并大量附着其上的各种"微话语"纷至沓来,人们频繁的"刷屏""分享""转发""点赞"行为已经扩散到整个生活的空间占有及其经验方式,生活的空间改变内在地构成了人的存在意识的基本方面,当下生活由此进入了一个前所未有的"微时代"。这一新的时代文化现象直接联系着微时代的各种具体特征,网络数字时代快速走来,改变着许许多多人的生活。微博、微信、微小说、微电影、微旅游等新媒体形态不断出现,不仅改变着大众的消费体验,也改变着信息传播方式。这个"微",早已不再是描述事物体积大小的专有名词,也不专指信息传播的数字时代,"微"已经俨然成为一种生活中的文化表征,代表着一种新的生活态度,一种个性化的审美体验。

第一节 "微时代"的文化状况

随着移动互联网的进步与发展,"微时代"的到来使人们的生活逐渐转入"无微不至"的视域之中。也就是说,在微博、微信、微电影、微小说、微广告、微视频、微管理、微支付等各类微媒介被充分开发的背景下,逐步改变了我们的日常社会生活以及文化形态。一方面,人们在日常的休闲与消费中,离不开互联网的移动终端,比如淘宝购物运行模式是从买家线上购物到卖家线下发货,美团也同样是从线上下订单到线下送外卖等。另一方面,人们使用微博、微信等媒介传播多元化的个体文化或个体评论,媒介形式更加便捷化、多元化、大众化与自由化。除此之外,"微时代"的到来更是从政治、经济、文化和日常生活各个方面改变了我们对世界的感知模式,从而也表征了一个后工业时代的降临。在"微时代"的语境下,对于政治、经济、文化和日常生活产生了"新"的感知经验模式,从而给美学带来新的生命力,也同时给"微时代"美学带来了机遇与挑战。所以,"微时代"文化现象不仅被看作是一个美学的特殊视域或外延,有着需要解决的特殊问题,更是一个具有研究价值与意义美学领域。

学界对"微时代"的文化症候进行了深入的分析。在2015年10月18—20日,首都师范大学文学院在北京联合举办"微时代:生活、艺术与美学"学术研讨会。研讨会主要围绕微时代与日常生活方式变迁,微时代的艺术生产、传播与消费,微时代与审美文化思潮流变,微时代的跨学科研究等问题,进行了多层次、多

本章的撰写得到了西南大学文学院王丽研究生的协助,特此说明并致谢。

侧面的深入讨论。刘悦笛指出,"微时代的美学就是'小的美学''快的美学'和'及时的美学',当这种美学症候与生活美化结合起来之时,也就造就了当今'生活美学'的利弊同在,我们既要加以积极推动,也要审观其消极之维"①。刘方喜认为,"由物联网引发的新的技术革命、工业革命、商业革命、价值革命乃至社会革命,有可能使人类走出'消费社会'而走向'分享社会';而一个伟大的'分享时代'的到来,则有可能使人类逐步化解或者至少缓解现在所面临的全球化的社会冲突和生态冲突"②。周宪则认为,"微文化在进一步加剧碎片化的同时,把碎片化的程度提升到一个全新的阶段;用一个更加确定的概念描述这一发展,那就是社会和文化的'碎微化'。借用鲍曼的术语,如果说碎片化是'水流'态,那碎微化则呈现的是'水滴'态,后者比前者更加细化、微化和碎化。无论从历史还是逻辑的角度说,'碎微化'都是现代性的碎片化发展的新阶段,其主要特征在于信息生产、传播和接受的高度'碎微化'"③。唐善林认为,"在微媒介技术平台上,传播和接受活动的即时便捷性使信息海量倍增,不但打破了包括报纸、传播和电视在内的旧传播媒介单向传播信息和接受者接受信息的模式,而且还借助与'人人皆是媒介'的自媒介方式,广泛聚集了各行各业不同身份地位、不同文化素养的民众,积极主动地参与信息制造和传播,从而使得微博、微信等媒介实践呈现一种多元互动的时代特征"④。值得注意的是,"碎微化"并不仅仅是指信息的"碎片化"和体验的"微小化"的简单相加,而是代表了一种新的文化发展态势。学界各类观点站在不同视角看待"微文化"的美学症候,分别从传播媒介与途径、表现形态、内在本质、时代特征等方面,体现了"视角多元性"⑤的研究方法。"微时代"的文化特征主要体现在以下几个方面:

第一,从"量"来看,以微博、微信等为主要媒介而产生了一系列具有细小、微量、即时的特性的"微文化"现象。从微博推出限字140就使得"微时代"的文化进入了短小精悍的网络阅读和评论的时代。"微文化"打破传统以历史维度为主的系统性感知经验模式,接受群体逐渐分散到以小团体、小部落为主的交互式分享的时代。例如,微信朋友圈主要是以我为中心扩散开的"小群体"。朋友圈晒

---

① 刘悦笛:《"生活美学"之微时代利弊谈》,《中国艺术报》,2015年8月17日。
② 刘方喜:《"分享主义"价值原则的兴起》,载王德胜、孙士聪编《微时代的美学》,中国社会科学出版社,2017年版,第134页。
③ 周宪:《时代的碎微化及其反思》,《学术月刊》,2014年第12期,第6页。
④ 唐善林:《"微时代"审美及其文化反思》,《中国文学批评》,2015年第4期,第94页。
⑤ 孙士聪:《作为研究客体的微文化:方法论反思》,载王德胜、孙士聪主编《微时代的美学》,中国社会科学出版社,2017年版,第12页。

幸福、晒烦恼、晒工作、晒恋人等，都是以细小、微量又即时的传播形式进行交互感知。并且相比传统发信息、发 E-mail 等"线上-线下-线上"的沟通方式，微信的传播与分享更加便捷、迅速，通过手机、电脑达到虚拟的面对面交流的状态。"微文化"的主体内容大多是以个体的细小又微量的传播为主，但接受群体在某种程度上远超传统媒介，从"一对一"的信息传播达到"一对多"的传播范围。例如，传统发信息只能单向发给一个人，而微信朋友圈则实现了向所有的微信好友同时分享一个信息。那么，由于传播媒介的迅速发展，"微文化"的受众群体也从作家到草根阶级，从知识精英到普通民众。所以，这里的"量"是在"微文化"传播的过程中，其传播主体内容与受众群体两方面所展开说明的。

第二，从质上看，海量的大数据社会拉近了知识精英与草根民众的距离，微博、微信、微小说、微电影等似乎存在两方面有关"质"的变化。一方面，当"短小精悍"的文化状况成为现代社会主流的感知经验模式，"微文化"就在一定程度上限制了知识精英的"发言权"，很多时候一个问题想用简短的话语厘清往往是不太可能的。比如，"微时代"的到来让网络自媒体签约作家大都走向了出奇制胜的道路，从而改变了许多作家与读者对于社会的认知形态。这时候有关传统那复杂的、系统的、关联的、丰富的文化知识也受到了"微文化"的影响走向下滑之路。另一方面，随着"微文化"的兴起，文学的高门槛逐渐向草根民众敞开大门，使"草根文学"逐渐成为新时期的新气象。在面对这类文化时，我们需要多方位思考，或者确切地说应当保持自我反思的态度。当然，不仅仅需要反思"微时代"出现的"草根文学"所带来的问题，更需要在看待"微文化"拔高了民众的个体意识和文化水平与创新的立场上保持客观与乐观的态度。在美学的领域，"微文化"也充分体现了它新的生命力，体现了对传统审美观念的超越。

第三，从"微时代"与人的生活之间的关系看，一方面，"微时代"促进了人们感性的解放，提高了人们在精神上对美的渴求度，促进了审美的生活化，"人人都是'生活艺术家'，尽管这不可能实现，却成为一种社会诉求"①。另一方面，"微时代"使得人们的审美愈加泛化。随着生活节奏加快，人们信息接收的碎片化，从而无暇对宏大叙事和深入思考产生持久的兴趣，这就造成了"微时代"审美体验处于一种肤浅、虚薄的状态，由感性审美的泛滥走向"五色令人目盲，五音令人耳聋，五味令人口爽"的"审美疲劳"境地，这当然是审美的异化，也是人类生存方式的异化。我们应保持用辩证的、客观的态度去看待"微时代"的文化发展状

---

① 刘悦笛：《"生活美学"之微时代利弊谈》，《中国艺术报》，2015 年 8 月 17 日。

况。当"碎微化"成为"微时代"美学的代名词,大数据的信息社会不管在经济、政治、文化、生活等各个方面也将迎来新的机遇与挑战。传统美学在解释"微时代"的文化症候时,难免会生硬而刻板,无法深入到时代语境中去看待美学在新的维度出现的社会问题,"微时代"的时代特殊性也要求我们应当深入到理论研究与社会实践中去,对大众传媒的信息传播及广告创意的新方式、新形态进行细致的剖析。

第二节 "微广告":广告发展新趋势

"微时代"的到来体现了当前"碎微化"的生活生存状态,物联网高速发展使得快餐式的生活方式逐渐流行而成为普遍受众的现状。在这日新月异的时代,信息传媒的领域也出现追求短、平、快的方式而突破传统媒介传媒形式。"微广告"的兴起,打破了传统广告的内容与形式。什么是"微广告"呢?"微广告"与传统广告有哪些区别?"微广告"的审美特征有哪些呢?

所谓"微广告",指的是"微时代"广告呈现出了一些新的发展趋势,其发展诉求主要是在科学性的精炼与艺术性的巧妙基础之上,通过加工制作而成的精致而短小的"微视频"或"微电影"等新型的、微量式的微信息和广告短片。此类"微型"广告可以是推销产品的商业广告,可以是呼吁群众的公益广告,也可以是分享自我鉴赏水平的休闲娱乐广告,其短小精悍适应了现代快节奏的生活方式和信息传播方式。对于受众群体来说,可以将碎片化的时间充分利用起来,达到高效率、高水平的信息浏览、分享、传播的要求。由于"微时代"的到来,"微广告"以更便捷、更多元、更视觉化、更自由的新媒介形式展现其魅力,从传播形式上革新传统广告的传播途径,扩大传播范围,给高速发展的大数据时代提供广告新形式、新概念、新活力,适应了现代广告的发展趋势与信息传播的新模式。

1. 从传统的信息消费向"微广告"的叙事性、体验性消费转变

"微广告"是广告从传统纸媒时代发展到网络时代再到"微时代"的新的发展,它与传统的广告区别就在于"微",这主要体现在两个方面:一是在空间维度上的"微",二是在时间维度上"碎"。所谓空间维度上的"微",就是"微广告"受众空间的"微型化",将个体对于空间感知碎片化处理,使得个体更加关注碎微的感知经验,与此同时也打破时间上的传统逻辑观念,使得生活中碎微的时间逐渐被利用起来,体现了时间观念的超越性。所以,相比传统广告,"微广告"的显著特征是既短小精悍,又五脏俱全。

首先,是从"硬广告"到"软广告"的转变。传统广告媒介主要分为以电视、互联网为主的电波媒介,以报纸、杂志为主的印刷媒介和以招贴、路牌、传单等为主的户外媒介三种类型。报纸、杂志等传播媒介利用纸质印刷进行广告传播,特点是主要以文字信息为主要传播内容,传播方式具有单一性和有限性,传播与反馈速度都无法满足大数据信息时代的高速发展而逐渐被淘汰。以招贴、路牌、传单为主的户外广告主要目的是推销商品,特点是广告结合声、光、动画、图片、文字等多种效果,但受众群体较少且接收信息较为短暂。在"快时代"的现代社会中,很少有人在户外活动时驻足于此类广告,虽形式多样,但很难达到广告的预期效果。例如"万宝路"香烟广告,画面以在草原上策马奔腾的穿着西部牛仔外套的壮汉形象为广告的主体,手拿"万宝路"香烟并深情脉脉地注视着"观众",用"万宝路"香烟象征出男人在策马奔腾与柔情之间所交汇的情感。"万宝路"香烟广告作为一个成功的传统广告,主要是在其广告形象与定位的革新,从而也达到了广告所需要达到的营销手段。

"万宝路"香烟及其广告发展的故事在广告界也是众所周知的。"万宝路"香烟在发展的初期主要以女性为销售对象,广告词为"像五月的天气一样温和"。可是在美国,女性抽烟人数远远少于男性,因而"万宝路"陷入了香烟销量的低谷。"万宝路"香烟为了改善销量不佳的情况,选择了改变广告内容,将女性香烟向男士香烟转变,以马车夫、潜水员、农夫等广告形象代替女性形象,表达出粗犷而豪迈的西部牛仔的男子气概。可见在传统广告中,广告形象的重要性显得尤其重要。在潘知常、林玮所著的《广告形象的美学阐释》中,详细地阐述了传统广告中"广告形象"的重要性。"微时代"的广告主要以品牌故事的推广、新产品信息的分享、移动推送、视频点击、软文评论等几种形态,通过微信朋友圈、微博、短视频、抖音等传播,其特点在于直观的视觉效果、快捷的传播渠道、诉诸情感的审美体验,广告效果上具有投放范围广、投放范围可分区块、广告效果可量化的特征。"微广告"的广告内容也从以往的商品信息促销转向品牌形象促销,从功能性消费转向了体验性消费,这适应了"微时代"人们的消费心理"从商品消费转向形象消费"[1]的转变。在各类微媒体上的"万宝路"香烟广告从以往的叫卖式的硬推销转向以情感诉求为主的现代性软推销为主。这就意味着,"广告中出现的内容,不再是一种语义信息,而转变成一种符号信息。过去是人-商品,而现在则转向人-符号-商品"[2]。传统广告在较之"微广告"下,接受、传播、评论广告的形

---

[1] 潘知常、林玮:《广告形象的美学阐释》,《文艺研究》,1994年第6期,第38页。
[2] 潘知常、林玮:《广告形象的美学阐释》,《文艺研究》,1994年第6期,第39页。

式也会略显滞缓。

其次，在"微时代"的试听盛宴中，不管是在手机上，还是在电脑上，"微广告"逐渐走向互联网这个巨大的舞台中央。"微广告"的"微"不仅表现在时间上通常控制在 30～300 秒之内，也表现在"微广告"的内容呈现方式以"碎片式"拼接的高技术模式为主。"微广告"在传播过程中，具有"微时代"特有的高效互动性、移动性、多样性、灵活性等特征，且能使受众群体随时随地接受广告与反馈广告，从而达到传播、营销与审美于一体的广告效果。"微时代"的到来给广告行业提供了更多的技术支持以及更广的投放平台。自媒体广告将"微"的广告发挥到了极致的水平。例如在 2017 年 11 月 2 日出现在"YouTube"上的，用户名为@Fularious TV 的用户上传了一条"汽车广告"，且该用户称是为女朋友拍摄一条有关二手车的广告。短短 71 秒的广告竟在三天之内播放量达到近 200 万，由此而成为网络上热门的自媒体广告。车主在网上描述到，这辆车是产于 1996 年的本田雅阁，车主从 2014 年一直开到现在。这条广告给出的起初拍卖价格是 499 美元，但由于广告效应被炒到 10 万美元左右，但最终因有炒作嫌疑，车主、自媒体平台与买主之间经过估价与协商以 2 万美元成交。成交价格虽不是炒作初期的 10 万美元，但依旧大大提高了这辆二手本田雅阁车的价值，而这个价值就是由"微广告"所带来的。

由此，这一自媒体广告取得成功的典型案例引发笔者的深思。在 2017 年，一辆产龄高达 21 年的二手车真的具有炒作的价值吗？单从汽车的工作能力上看显然是不如一辆价值 2 万美元的新汽车的工作性能。那么，是什么提高了这辆车的额外价值呢？自媒体广告的受众群体又是什么消费心理呢？又是什么在推动这类"微广告"的发展呢？

这条自媒体"汽车广告"的广告词如下："You, you're different, you do things on your way, that's what makes you one of a kind. You don't need things, you're happy with who you are. You don't care about money, you have everything you ever wanted. You don't do it appearances, you do it because it works. And this, this is not a car. It's a life-style, a choice, your choice. A car for people who have life figured out and just need a way to get somewhere. —— the used 1996 Honda Accord.

"Luxury is a state of mind."

译文："这是你，你与众不同，你遵循自己的方式生活，这让你独一无二。你不需要外物来证明什么，你自己能让你满足。你不十分在意钱财，你想要的都已拥有。你做事不为外表，实用才是你选择的原因。而它，它不是一辆车；一种生活方式，是一种选择，你的选择。只为已经看清楚生活的本质，需要生活在别处的你——1996年的二手本田雅阁。"

"奢侈是一种心态。"

相比传统广告，"微广告"在广告词与表达形式上丝毫不逊色。这条有关汽车广告的"微广告"的广告词，用一辆车的工作状态象征一个人的生活态度。或者确切来说，象征的就是正在看广告的那个"你"的生活态度，用一种具体、有限的形式去揭示了无限而抽象的意义。这是在广告本身上具有一定的技术高超性与内容丰富性的特点，然而这并不足以让这条广告传播如此之广、速度如此之快、点击率如此之高。"微广告"在接受、传播、评论广告的形式上印证了麦克卢汉的"地球村"的预言。首先，互联网的发展为"微广告"的有效传播提供了技术支持，体现了广告在信息投放与反馈上的即时性；然而传统广告在投放广告之后是需要很长的时间才能收到反馈信息，略显滞后性。其次，"微广告"在接受广告的形式上突破了传统广告的局限性，使广告的投放范围走向全世界，而达到无处不在的"微"的效用；在传播途径上超越传统广告在时间与空间上的刻板的缺陷，优化受众群体接受广告的时间与空间，使"微广告"的碎片化走入人们的日常生活。最后，在评论广告的方式上更是显示出"微广告"相对于传统广告的超越性，这则广告体现了"微广告"互动性的特点，其中一位网友被广告词感染，说道："Luxury is a state of mind."另一位网友称赞道："This is the greatest thing to ever happen to the internet."还有一位远在俄罗斯网友说道想要这辆车。这样的高效互动型广告也正是表征"微时代"到来了。

2."微广告"代表着广告未来发展的新趋势

"微广告"主要是通过微博、微信等平台或通过微电影等形式为商家、个人等创造价值而执行的广告营销方式，这种新型的营销已经成为以微博、微信公众号、微电影广告、各种App等为途径的一种新型信息传播方式。与传统广告相比，这种新型的营销方式更注重价值的传递、情感的共鸣、传播的互动、系统的布局、准确的定位等。"微广告"传播速度快，覆盖广。2011年7月23日，温州"动车脱轨"事故发生后第1条网络消息在事故发生后的短短4分钟就由微博发出，比传统的媒体在互联网上发布的新闻消息早了两个多小时。微信、微博传播的简便性和传播速度之快让人叹为观止。"微广告"最显著特征就是传播迅速，而且通过点赞、转发等形式很容易达成"分众"传播的效果。微信、微博信息支持各种平台，包括手机、电脑与其他传统媒体。"微广告"传播的方式也有多种途径，转发方便,一条热度高的微博在各种互联网平台上发出后短时间内转发就可以抵达微博世界的每一个角落。

3."微广告"交互性强

在微博、微信这些平台上人人都可以成为信息的发布者与接受者,交流与分享十分方便,每个人在广告传播过程中既是发布者、评论者,也是传播者。微信和微博的主人可以根据粉丝和微信朋友圈的喜好,发布产品信息和活动信息,达到有针对性的有效传播的目的。"微广告"要注重定时、定量、定向发布内容,像一本随时更新的电子杂志,让大家养成观看习惯,信息也不能过于泛滥,要有针对性,这就决定了"微时代"的"微广告"一定是分众传播,这样才能保持"微民"对企业博客的关注度和期望值。"微广告"的魅力在于互动,企业宣传信息可以融入粉丝感兴趣的内容之中,因而类似"活动内容奖品关注(点赞、转发评论)"的活动形式是微博互动的常见方式。可口可乐推出了一款手机App,叫CHOCK,用户下载此款App到手机后,在指定的可口可乐沙滩电视广告播出时开启App,当广告画面中出现"可口可乐"瓶盖,且手机出现震动的同时,挥动手机去抓取电视画面中的瓶盖,每次最多可捕捉到3个,广告结束时,就可以在手机App中揭晓奖品结果。奖品都是重量级的,如汽车之类,吸引力很大。不同于传统的广告营销模式,"微广告"营销的市场反馈具有即时性,广告制作者马上就可以看到传播的效果及评价,并进行有针对性的改进和完善。

4."微广告"是信息分众传播的典范

任何一个广告,广告商最关心的是投放出去的广告是否精准地被消费者接受,具有鲜明的分众、小众化的特征。"微广告"的主要目标受众是中青年群体,这一个群体的特征是时尚观念比较强,购买欲望旺盛,容易接受新信息、新事物,并且易受新信息影响,属于社会的中坚消费群体。"微广告"的投放借助微应用平台大大缩小了目标受众,且投放信息比较精准,这是其他的媒介广告所不能比拟的。例如,利用朋友圈来实现交际圈的不断扩大,或者商场超市的促销信息利用微信、微博在目标人群中发布,各类展销会信息利用"微广告"实现快速推广等。

第三节 "微广告"的审美特征

陶东风曾说:"不可否认的是,日常生活的审美化以及审美活动日常生活化深刻地导致了文学艺术以及整个文化领域的生产、传播、消费方式的变化,乃至改变了有关'文学''艺术'的定义。"①那么，随着"微时代"的到来，在广告领域中，"微广告"创作逐渐走向草根阶级，且广告审美走向日常生活化的道路。随着"微广告"的快速发展，审美活动与日常生活发生了怎样的变化呢？在变化过程中"微广告"又呈现出怎样的审美特性呢？对此我们应当持有何种态度？

　　首先，"微广告"以物联网作为技术支撑，创新广告投放与传播形式，重塑个体对于广告"美"的感知经验和模式。"微广告"成本低廉，操作便捷，具有生态低耗的特征。目前微信、微博等应用软件基本处于免费阶段，用户所需要负担的只是使用微信、微博时产生的上网流量费用，而这部分费用是由各网络运营商收取，如果在 WiFi 共享的情况下，几乎是免费的。"微广告"制作成本的优势很明显，比如微信，每小时消耗流量约 2.4K，而移动短信费用需要 0.1 元/条，0.1 元的流量几乎等同于千条微信信息或几十张图片，如果按照移动每月 5 元包 30M 流量的价格来计算，1 元钱的移动短信仅可以发送 10 条，而微信则可以进行上千次语音信息发送。这里显而易见的是，与其他广告营销的形式相比，"微广告"除了功能创新、沟通起来更加便捷外，信息流量消耗较低以及所带来的成本降低也是其制胜优势。"微广告"140 个文字信息＋图片展示的制作模式，与电视广告的拍摄、特效加工、购买电台时间段等对技术、设备的要求低很多，可以免去大笔广告费，发布信息远比传统的电视广告、网络广告乃至报纸广告发布容易。而且"微广告"无需严格审批，能节约大量的广告制作的时间和成本。"微广告"以新的形式重新划分了广告的审美活动与日常生活的界限，使人们认知现实世界与虚拟世界的界限模糊不清。由于在"微时代"广告信息生产与传播的便捷性与交互性将个体感知空间自由而开放地呈现出来，"微广告"得到快速而即时的传播，网络发展达到白热化阶段，体现了"微广告"的"便捷性"审美特性。传统的广告就具有"微叙事"的特征，即在几十秒至一两分钟的时间内叙述故事，完成诉求。"微时代"在很大程度上也消解了传统媒体文本的"宏大叙事"与"意义承载"，媒体的生产与消费变得越来越碎片化，娱乐与体验也越来越具有即时性。

　　同时，正是由于过度"便捷化"，使得"微广告"在传播的过程中把关弱化，从而缺失了网络传播对于"微广告"做出一个"审查者"的角色。网友通过微博晒出消费账单曝光某地宰客，众多网友通过微博进行维权，还有热心网友为如何防止被宰积极支招……对于广告信息的真伪的甄别工作也成为"微时代"的一个重要问题，"微广告"的信息传播还大多停留在对广告信息进行转发的阶段，广告信息

---

① 乔钰茗：《日常生活的审美化与文艺学的学科反思》，《文化学刊》，2017 年第 9 期，第 157－158 页。

的权威性和可信度遭质疑,根本无法与传统的媒体广告同日而语,"微广告"的这个特征也对信息部门、宣传部门的监管提出了新的挑战。

其次,"微广告"在生产与消费的过程中逐渐形成强调个体感知与个体审美经验的分众传播模式。"微广告"在草根民主化的倾向中,放大了个体对于广告审美的主体性感知经验,强调个体对广告产生审美经验的价值,扩大了审美认知的范围,并将"微时代"的广告美学推动成为以主体性审美为主的广告审美形态。个体在"微广告"的审美中找到属于自己的存在感。自媒体广告推销自身个体的"品牌",将"品牌意识"从传统产业化产品转向个体化产品。由此,对于广告消费的操控力从传统产业模式转向个体操控模式。当广告审美回归到"日常生活"之中,个体在传播与分享"微广告"时也希望得到别人对自身审美鉴赏水平的肯定。这类双向式肯定,也就是使他人的审美鉴赏能力与自我产生了审美经验的共鸣性,从而逐渐形成以团体、部落等群体为模式的审美感知"共同体",广告受众以朋友圈、微博、社区的形式"部落式"地存在着。

在此意义上,"微广告"带来了多元化的"微审美"的可能。由于"微时代"的到来,广告的传播、转发、评论的即时性导致广告在交互性传播过程中出现杂糅而碎微的多元化审美倾向。碎微化的"微审美"指的是既"碎"而"微"的审美,"碎"主要体现在后现代主义社会中所描述的"碎片化""去中心化"的审美模式,"微"主要体现在"微广告"存在的"微不足道"的虚薄的审美体验。微博、微信等自媒介的运行导致广告审美走向大众日常生活化,"微广告"消解了广告审美与日常生活中随机分享的微视频之间的界限,这样一来,似乎"广告"这个词的界限越发模糊。我们可以称微博上通过文字表达、视频展示与独白等来推销个体商品的微视频为"广告",可以称以微电影形式拍摄的"微公益"视频为"广告",可以称在微博中随意选一个稍加艺术感并用之描述生活细节的微视频为"广告",可以称用来"推销"个体的审美鉴赏能力的微视频为"广告",那么,日常生活也就容易出现广告审美多元化而导致的审美泛化的倾向。

再次,"微广告"通过转发、点赞和分享在交互过程中传播有利于提高大众的审美鉴赏水平。"微广告"的年轻受众对广告审美的容忍度比较低,特别是对那些单调、直白、乏味的叫卖式的硬广告深恶痛绝。相对而言,微广告采用更灵活、更软性、更易接受的营销方式,以打造专属品牌的微电影成为新趋势。微电影传播平台的特殊性使得它的主要受众群集中在"80后""90后""00后"之中。微电影的出现满足了这个时代的人对于新事物的好奇心,在微电影中得到新鲜的快感。国美电器的微电影《我的》,由冯绍峰、高圆圆合拍,就迎合了当下年轻人的口味。一方面,通过微电影,可以把产品功能、品牌理念与微电影自身的故事情节巧妙地结合,通过精彩的视听效果达到与观众情感交流的结果,唤起观众对品牌的情感认同。另一方面,微电影比传统广告的诉求更有针对性,它的受众主要是具有比较强购买欲望和购买能力的年轻人。微电影利用移动新媒体进行传播,能够突破时空的限制,使得受众随时随地都能欣赏它。而网络技术的普及,可以让每个受众都能更加容易地获取、接收和观看微电影,例如《老男孩》的播放就吸引了海量的收视率。同时,微电影能够让"90后""00后"的受众获得情感共鸣,不再把广告看作是一种营销模式,而是一种寻求认同、释放压抑的情感达到宣泄和愉悦的手段,如微电影《老男孩》中表现的青春以及对于梦想的追求就让许多"70后""80后"观影后产生情感共鸣。对于微媒体的受众而言,他们利用碎片化的时间,在坐车、等人的间隙能够看完一部微电影,这不失为一种消磨时间、放松心情的方式。"微时代"通过微电影形式实施广告传播与营销是时代发展的必然趋势,如何克服"微广告"的一些由于把关不严和审查机制缺失造成的不良影响,需要广告界内精英在不断实践与教训中总结经验。

综上,"微时代"的到来为中国广告大发展提供了新的机遇和挑战。新的移动互联网技术将利用电视媒体、互联网媒体和个人移动媒体之间的融合,实现不同媒介间的"跨屏联动",多种广告媒介表现形式之间的全面融合已成为广告行业发展的大趋势。可以预计的是,未来几年,以微信、微博、抖音等新媒体为平台的"微广告"的市场份额将会不断增加,代表着中国广告产业发展的新的增长点。中国现代广告究竟要传达什么样的精神理想?要传达什么样的审美趣味?要传递什么样的人性价值?在新的社会条件下,我们不仅要考虑当下的经济发展的需要去思考这些问题,同时也要站在人们文明追求的真、善、美等终极价值上,去建构中国现代的广告美学理论,进一步彰显中国广告的审美趣味和精神价值,这也是中国从"Made in China"成为"Created in China""Designed in China"的必由之路。

参考文献 References

1. 著作

[1] 赵惠霞.广告美学——规律与法则[M].北京:人民出版社,2007.

[2] 黎泽潮.广告美学研究[M].合肥:合肥工业大学出版社,2005.

[3] 崔银河.广告哲学[M].北京:中国传媒大学出版社,2012.

[4] 张微.广告美学[M].2版.武汉:武汉大学出版社,2012.

[5] 刘悦笛.生活中的美学[M].北京:清华大学出版社,2011.

[6] 门罗.走向科学的美学[M].石天署,滕守尧,译.北京:中国文联出版公司,1985.

[7] 赫勒.日常生活[M].重庆:重庆出版社,1990.

[8] 贝尔.资本主义文化矛盾[M].赵一凡,蒲隆,任晓晋,译.北京:生活·读书·新知三联书店,1989.

[9] BAUDRILLARD J. Simulacra and Simulations[M]// Paul Foss. Paul Patton and Philip Beitchman Stanford,CA:Stanford University Press,1983.

[10] 麦克卢汉.人的延伸:媒介通论[M].何道宽,译.成都:四川人民出版社,1992.

[11] 柏拉图.苏格拉底的最后日子:柏拉图对话集[M].余灵灵,罗林平,译.上海:上海三联书店,1988.

[12] 李尔斯.丰裕的寓言:美国广告文化史[M].任海龙,译.上海:上海人民出版社,2005.

[13] 周宪.审美现代性批判[M].北京:商务印书馆,2005.

[14] 柏拉图.理想国[M].郭斌和,张竹明,译.北京:商务印书馆,1996.

[15] SHUSTERMAN R. Practicing Philosophy:Pragmatism and the Philosophical Life[M]. New York and London:Routledge,1997.

[16] 亚里士多德全集:第七卷[M].苗力田,主编.北京:中国人民大学出版社,1993.

[17] MARCUSE H. Aesthetic Dimension[M]. London:MacMillan Press,1979.

[18] 徐复观.思想与时代[M]//徐复观文集:第一卷.李维武,编.武汉:湖北人民出版社,2002.

[19] 彭富春.哲学美学导论[M].北京:人民出版社,2005.

[20] 费瑟斯通.消费文化与后现代主义[M].刘精明,译.南京:译林出版社,2000.

[21] 卢瑞.消费文化[M].张萍,译.南京:南京大学出版社,2003.

[22] 詹姆逊.后现代主义与文化理论[M].唐小兵,译.北京:北京大学出版社,1997.

[23] FEATHERSTONE M. Consumer Culture and Postmodernism[M]. London:Sage Publications,1991.

[24] 弗洛姆.健全的社会[M].欧阳谦,译.北京:中国文联出版社,1988.

[25] 赫胥黎.美丽新世界[M].王波,译.重庆:重庆出版社,2005.

[26] 海金司.广告写作艺术[M].刘毅志,译.北京:中国友谊出版公司,1991.

[27] 郑贞铭.美国大众传播[M].台北:台湾商务印书馆,1977.

[28] 西沃卡.肥皂剧、性和香烟[M].周向民,田力男,译.北京:光明日报出版社,1999.

[29] 麦克卢汉.理解媒介[M].何道宽,译.北京:商务印书馆,2000.

[30] 福柯.性史[M].姬旭升,译.西宁:青海人民出版社,1999.

[31] NIETSZCHE F. The Will to Power[M]. New York:Vintage,1968.

[32] NIETSZCHE F. Thus Spoke Zarathustra[M]. New York:The Viking Press,1962.

[33] 舒斯特曼.生活即审美:审美经验和生活艺术[M].彭锋,译.北京:北京大学出版社,2007.

[34] 杰姆逊.后现代主义与文化理论[M].唐小兵,译.西安:陕西师范大学出版社,1986.

[35] 杰哈利.广告与符码:消费社会中的政治经济学和拜物现象[M].马姗姗,译.北京:中国人民大学出版社,2004.

[36] 饶德江.广告创意与表现[M].北京:中央广播电视大学出版社,2001.

[37] 奥格威.一个广告人的自白[M].林桦,译.北京:中国物价出版社,2003.

[38] 阿伦斯.当代广告学[M].丁俊杰,程坪,译.北京:华夏出版社,2001.

[39] 王晓,付平.欲望花窗:当代中国广告透视[M].北京:中央编译出版社,2004.

[40] BAUDRILLARD J. Jean Baudrillard:Selected Writings[M]. Stanford, CA:Stanford University Press,2001.

[41] 罗钢,王中忱.文化读本[M].北京:中国社会科学出版社,2003.

[42] 巴特,鲍德里亚.形象的修辞:广告与当代社会理论[M].吴琼,杜予,译.北京:中国人民大学出版社,2005.

[43] 周昌忠.西方现代语言哲学[M].上海:上海人民出版社,1992.

[44] 巴特.神话:大众文化诠释[M].许蔷蔷,许绮玲,译.上海:上海人民出版社,1999.

[45] POSTER M. The Mode of Information, Poststructuralism and Social Context[M]. Cambridge:Polity Press. 1996.

[46] 潘知常,林玮.大众传媒与大众文化[M].上海:上海人民出版社,2002.

[47] BERGER J. Ways of Seeing[M]. New York:Pengium,1972.

[48] 米尔佐夫.视觉文化导论[M].倪伟,译.南京:凤凰出版传媒集团,2006.

[49] 周宪.视觉文化与现代性[M]//文化研究:第一辑.天津:天津社会科学出版社,2000.

[50] 什克洛夫斯基.俄国形式主义文论选[C].方珊,译.北京:生活·读书·新知三联书店,1992.

[51] 杰伊.法兰克福学派史[M].单世联,译.广州:广东人民出版社,1996.

[52] 贝尔.艺术[M].马钟元,周金环,译.北京:中国文联出版社,1984.

[53] 韦尔施.重构美学[M].陆扬,张岩冰,译.上海:上海译文出版社,2002.

[54] 哈贝马斯.公共领域的结构转型[M].曹卫东,译.上海:学林出版社,1999.

[55] 周宪.中国当代审美文化研究[M].北京:北京大学出版社,1997.

[56] 费斯克.理解大众文化[M].王晓珏,宋伟杰,译.北京:中央编译出版社,2001.

[57] 王民安,陈永国,马海良.后现代性的哲学话语:从福柯到赛义德[M].杭州:浙江人民出版社,2000.

[58] 西门尼斯.当代美学[M].王洪一,译.北京:文化艺术出版社,2005.

[59] 奥曼.广告的双重言说和意识形态:教师手记[M]//刘象愚.文化研究读本.北京:中国社会科学出版社,2000.

[60] 汝信.论西方美学与艺术[M].桂林:广西师范大学出版社,1997.

[61] 张国良.新闻广告与社会[M].上海:上海人民出版社,2001.

[62] 姚曦.广告概论[M].武汉:武汉大学出版社,1996.

[63] 狄龙.怎样创作广告[M].刘毅志,译.北京:中国友谊出版公司,1991.

[64] 康纳.后现代主义文化:当代理论导引[M].严忠志,译.北京:商务印书馆,2002.

[65] 舒德森.广告,艰难的说服:广告对美国社会影响的不确定性[M].陈安全,译.北京:华夏出版社,2003.

[66] GUREVITCH M. Culture:Society and the Media[M]. Methuen,1982.

[67] 鲍德里亚.消费社会[M].刘成富,全志钢,译.南京:南京大学出版社,2000.

[68] 波斯特.第二媒介时代[M].范静哗,译.南京:南京大学出版社,2000.

[69] 麦克卢汉.机器新娘:工业人的民俗[M].何道宽,译.北京:中国人民大学出版社,2004.

[70] 马尔库塞.法兰克福学派论著选集:上卷[M].上海社会科学院哲学研究所外国哲学研究室,译.北京:商务印书馆,1998.

[71] WELSCH W. Undoing Aesthetics[M]. London:Sage,1997.

[72] 姚文放.当代审美文化批判[M].济南:山东文艺出版社,1999.

[73] 霍克海默,阿多诺.启蒙辩证法[M].洪佩郁,蔺月峰,译.重庆:重庆出版社,1990.

[74] 任一鸣.女性主义之我见[M].桂林:广西师范大学出版社,2004.

[75] 刘利群.社会性别与媒介传播[M].北京:中国传媒大学出版社,2004.

[76] 卡普兰.女权主义批评与电视[M].李天铎,译.台北:台湾远流出版公司,1993.

[77] 潘知常.反美学[M].上海:学林出版社,1995.

[78] 梅萨里.视觉说服:形象在广告中的作用[M].北京:新华出版社,2004.

[79] 邵培仁.传播学[M].北京:高等教育出版社,2007.

[80] 王洪图,贺娟.黄帝内经·素问白话解[M].北京:人民卫生出版社,2005.

[81] 左丘明.国语·越语[M].上海:上海古籍出版社,1978.

[82] 李银河.女性主义[M].济南:山东人民出版社,2005.

[83] 特威切尔.美国的广告[M].南京:凤凰出版传媒集团,2006.

[84] 叶舒宪.高唐女神与维纳斯[M].北京:中国社会科学出版社,1997.

[85] 斯托洛维奇.审美价值的本质[M].凌继尧,译.北京:中国社会科学出版

社,1984.

[86] 陶东风.广告的文化解读[C]//金元浦.文化研究:理论与实践.开封:河南大学出版社,2004.

[87] 刘建平.东方美典[M].北京:人民出版社,2017.

[88] 王德胜,孙士聪.微时代的美学[M].北京:中国社会科学出版社,2017.

[89] RAMAZANOGLU C. Up against Foucault, Explorations of Some Tensions between Foucault and Feminism[M]. London and New York:Routledge,1993.

[90] ECO U. The Limits of Interpretation[M]. Bloomington:Indiana University,1990.

[91] 国家工商行政管理局广告监管司.广告法规集成[M].北京:工商出版社,2001.

[92] 伯里,麦克法兰.现代主义[M].上海:上海外语教育出版社,1992.

[93] 波斯特.信息方式:后结构主义与社会语境[M].范静哗,译.北京:商务印书馆,2000.

[94] 斯道雷.文化理论与通俗文化导论[M].杨竹山,郭发勇,周辉,译.南京:南京大学出版社,2001.

[95] 谢立中.西方社会名著提要[M].南昌:江西人民出版社,1998.

[96] 李斯屈.公共事件符号学[M].成都:四川大学出版社,2004.

[97] MILL. Uber die Freiheit[M]. Frankfurt:Pickford,1960.

[98] MILLER J. Mcluhan[M]. London:Virogo,1971.

[99] HANNERZ U. Cosmopolitans and Locals in World Culture[M]. Featherstone,1990.

[100] 本雅明.发达资本主义时代的抒情诗人[M].张旭东,魏文生,译.上海:上海三联书店,1989.

[101] 汤姆林森.全球化与文化[M].郭英剑,译.南京:南京大学出版社,2002.

[102] 加汉姆.解放·传媒·现代性[M].李岚,译.北京:新华出版社,2005.

2. 期刊

[1] 彭锋.舒斯特曼与实用主义美学[J].哲学动态,2003(4).

[2] 程民治.杨振宁的科学美学思想述评[J].自然辩证法通讯,1997(6).

[3] 毛崇杰.后现代美学转向[J].杭州师范学院学报(社科版),2004(6).

[4] 张殿元.反美学观照:广告文化对艺术审美价值的消解[J].新闻大学,2007(4).

[5] 唐晓渡.广告是一种无害的政治[J].国际广告,1999(4).

[6] 时统宇.伦理的追问与学理的批评:对西方电视批评理论的一种解读[J].现代传播,2001(5).

[7] 童庆炳.人文精神:为大众文化引航[J].文艺理论研究,2001(3).

[8] 金民卿.西方大众文化理论研究评介[J].哲学动态,1990(10).

[9] 卜卫.广告与女性意识[J].妇女研究论丛,1997(1).

[10] 刘伯红,卜卫.我国电视广告中女性形象的研究报告[J].新闻与传播研究,1997(1).

[11] 龚轶白.卫生巾、女人及其他:后女权主义的影响与广告创意方向[J].广告大观(综合版),2004(5).

[12] 张国良.广告与政治:对日本广告政治功能的考察[J].新闻大学,1993(2).

[13] 徐卫华,胡晓芸."语"不惊人死不休:贝纳通(上)[J].广告大观,2001(8).

[14] 唐善林."微时代"审美及其文化反思[J].中国文学批评,2015(4).

[15] 周宪.时代的碎微化及其反思[J].学术月刊,2014(12).

[16] 王亚芹."微"泛华的文化与审美[J].文艺评论,2015(11).

[17] 潘知常,林玮.广告形象的美学阐释[J].文艺研究,1994(06).

[18] 乔钰茗.日常生活的审美化与文艺学的学科反思[J].文化学刊,2017(9).

3. 报纸

[1] 陶东风.口香糖与爱情:欲望的虚幻满足[N].中华读书报,2001-07-04(3).

[2] 黄梅.跟着广告走?[N].中国妇女报,1995-11-22.

[3] 刘伯红.倾斜的大众传媒[N].中国妇女报,1996-04-03.

[4] 刘悦笛."生活美学"之微时代利弊谈[N].中国艺术报,2015-08-17.

[5] 万静.卢旺达不产石油[N].南方周末,2005-12-22(26).

后记
Postscript

承蒙怀瀛兄的厚爱,将本书列入丛书的出版计划。这部书稿的由来,说来话长。二十年前,我在武汉大学张金海教授、饶德江教授和姚曦教授的课堂上开始接触广告学、广告经营与管理的相关理论,对媒介文化、广告美学产生了浓厚的兴趣,因而本科毕业的论文就做了关于大众文化研究的课题。大约十五年前,我在青岛的中国海洋大学任教,主要给学生讲授"传播学概论"等课程,广告也是我所研究的传播理论和大众审美文化的一个重要组成部分。当时有位同事朱纪达兄,在广告文化领域素有研究,我们二人于学校操场边无意相识,在"朗园咖啡厅"里倾心交谈,于海边漫步时发现彼此对中国广告发展的现状及广告文化研究中存在的诸多问题颇有共识,同时也苦于广告美学方面没有合适的教材,遂萌生了一起合作撰写一部广告审美文化方面教材的想法。我们利用工作之余的时间,在没有任何项目经费支持的情况下,完全凭着对学术和真理的一腔热情陆陆续续地写了一些篇章,其中的部分章节先后发表于武汉大学新闻与传播学院与法国波尔多三大组织传播研究中心主办的"公共危机与跨文化传播国际学术会议"(2007年11月2日)的会议报告,以及《广告学报》2008年第1辑(与廖秉宜合著)上。正当我们欲将这一工作进一步推进时,彼此的工作、生活都发生了一些变化,艰难的生计和现实俗务的压迫使得我只好遗憾地暂时放下了对此问题的思考;而纪达兄也因为身体抱恙,没有精力继续开展计划好的研究工作,我们合作写一部广告审美文化方面教材的计划就这样"流产"了。近些年来,我利用教学、科研和美国访学的间歇期,将以前的书稿进一步完善,并补充了几个新的章节,以展现广告美学研究的新进展。本教材通过对广告审美现象、审美经验、审美心理特征以及广告中各元素所蕴含的审美价值的分析,探讨广告美学的概念、广告美学与消费文化、广告美学与现代性、广告美学与女性形象、广告美学与政治、广告美学与公共领域等重要因素,并对"微时代"广告的审美特征和发展前景进行了分析。此书的出版,如能对广告专业学生的设计创作实践和广告审美素养有所增益,就足慰平生了。我这"十年一觉广告梦",也终于可以有一个圆满的收场,对自己、对朋友也算有个交代了。

后 记

十余年来，中国广告业获得了长足的发展，广告的制作水准、广告费用支出、行业产值都达到了一个新的发展水准。从全球的情况看，东亚地区广告市场的费用支出增速仅次于东欧和中亚地区，发展趋势依旧非常强劲，成为未来中国一个重要的经济增长点。随着中国经济的稳定发展，以及移动通信、互联网和社交媒体等新兴媒介的高速发展，中国广告业进入了一个蓬勃发展的新时期，广告业的年营业额从2005年的1416亿元增长到2017年的6896.41亿元，中国已跃升为世界第二大广告国。有数据显示，2017年中国广告的年经营额同比增长6.3%，预计2018—2022年中国广告业营业额复合增长率大约为5.63%，2022年中国广告的经营额将达到9159亿元，中国的广告支出费用大约占到同期全球广告支出的20%。由此可见，中国广告行业的高速发展和中国经济在全球中的地位提升大体是相符的。

同时，广告媒体发展的格局也发生了很大的变化，以往电视媒体的广告在广告费用支出中长期居于重要地位，并且占据比较高的市场份额，其中2017年全球电视媒体广告的市场份额为34.3%，报纸的广告市场份额为9.7%，杂志的广告市场份额为5.2%，以报纸、杂志为代表的传统媒体广告市场将进一步萎缩。同时，互联网媒体广告异军突起，增长迅速。2017年全球互联网广告市场份额为37.3%，构成了广告媒介的中坚力量。此外，随着互联网技术和个人移动终端技术的进步，出现了"微广告"、共享广告、体验广告等多种新的广告形式。新的移动互联网技术将利用电视媒体、互联网媒体和个人移动媒体之间的融合，实现不同媒介间的"跨屏联动"，多种广告媒介表现形式之间的全面融合已成为广告行业发展的大趋势。可以预计的是，未来几年，以微信、微博、抖音等新媒体为平台的"微广告"的市场份额将会不断增加，同时也会出现一些如广告审美失序、价值失范、广告信息监管不力等新的问题，值得我们进一步深入研究，这也是广告美学研究的新方向。

本书的出版，要感谢我二十多年的老友、武汉大学新闻与传播学院廖秉宜副教授的支持和引介，感谢首都师范大学文学院王德胜教授在"微时代"文化研究问题上给我的帮助和启发，感谢我的研究生王丽硕士帮我查询资料、整理文献，她为此书的出版付出了辛勤的劳动。文稿冗长，注释繁多，有幸得到西安交通大学出版社赵怀瀛编辑的细心订正和热心指点，在此表示由衷的谢意！

是为记。

刘建平

2019年4月15日于己净书斋